प्रेम है द्वार सत्य का

ओशो द्वारा सूफी, झेन एवं उपनिषद की कहानियों एवं बोध-कथाओं पर दिए गए सुबोधगम्य 19 अमृत-प्रवचनों की शृंखला 'बिन बाती बिन तेल' में से संकलित पांच (6 से 10) प्रवचन

AF518778

प्रेम है द्वार सत्य का

एक तो मार्ग ध्यानियों का है। बुद्ध, महावीर, पतंजलि उसके शिखर हैं।

एक मार्ग प्रेमियों का है। और प्रेमी कहते हैं कि जब तक तुम्हारे जीवन में प्रेम का पागलपन न आया, प्रेम की मस्ती न आई, तब तक तुम्हारा अहंकार मिटेगा कैसे? ध्यानी का जोर है कि दूसरे पर तुम निर्भर रहो तो तुम परतंत्र हो। प्रेमी का जोर है कि अगर तुम बिलकुल स्वतंत्र होने की कोशिश किए तो तुम्हारा अहंकार कैसे मिटेगा ? तुम ही बच रहोगे आखिर में, वही तुम्हारा शुद्ध अहंकार होगा। और अहंकार ही बाधा है। प्रेम की कीमिया में ही अहंकार पिघलता है। प्रेम की आग में ही अहंकार जलता है।

प्रेमी कहते हैं, दूसरे का उपयोग तुम निर्भरता के लिए क्यों करते हो? दूसरे का उपयोग समर्पण के लिए करो। दूसरे पर निर्भर होने का सवाल ही नहीं, दूसरे में खो जाने का सवाल है। और जब तुम बचोगे ही नहीं तो कौन निर्भर? कौन परतत्र?

इसे जरा समझ लें। मिटाते दोनों हैं—ध्यानी दूसरे को मिटाता है, प्रेमी अपने को मिटाता है। प्रेमी कहता है, दूसरा ही बचेगा। एक घड़ी आयेगी, जब मैं रहूंगा ही नहीं। फिर किसकी परतंत्रता? किसका बंधन? फिर कौन दुख में? दो हैं अभी, एक बचना चाहिए। ध्यानी दूसरे को मिटाकर अपने को बचा लेता है; प्रेमी अपने को मिटाकर दूसरे को बचा लेता है। जिस दिन एक बच जाता है, उसी दिन सत्य उपलब्ध हो जाता है। क्योंकि सत्य यानी एक। सत्य यानी अद्वैत।

ओशो

प्रेम है द्वार सत्य का

'बिन बाती बिन तेल' से संकलित

ओशो

डायमंड पाकेट बुक्स

संकलन : मा प्रेम कल्पना
संपादन : स्वामी दयाल भारती
संयोजन : स्वामी अमानो मनीष
फोटोटाइपसेटिंग : ताओ पब्लिशिंग प्रा. लि., 50 कोरेगांव पार्क, पूना-1

प्रकाशक : **डायमंड पॉकेट बुक्स (प्रा.) लि.**
X-30, ओखला इंडस्ट्रियल एरिया, फेज-II
नई दिल्ली-110020
फोन : 011-40712200
ई-मेल : sales@dpb.in
वेबसाइट : www.diamondbook.in
संस्करण : 2021

These discourses are complied from originally published title **"Bin Bati Bin Tel'** (in Hindi), under the author name **'Bhagwan Shree Rajneesh'**.

Copyright © 1977 Osho International Foundation.
All rights reserved.

इस पुस्तक अथवा इस पुस्तक के किसी अंश को इलेक्ट्रानिक, मेकेनिकल, फोटोकापी, रिकार्डिंग या अन्य सूचना-संग्रह साधनों एवं माध्यमों द्वारा मुद्रित अथवा प्रकाशित करने के पूर्व **ओशो इंटरनेशनल फाउंडेशन** की लिखित अनुमति अनिवार्य है।

अनुक्रम

पहला प्रवचन

प्रेम मृत्यु से महान है

भगवान!
किसी जमाने में एक शरीफ की बेटी थी—सौंदर्य में अप्रतिम।
रूप में ही नहीं, गुण-शील में भी उसका जोड़ नहीं था।
वह ब्याहने के योग्य हुई तब रूप-गुण में श्रेष्ठ तीन युवकों ने
उससे ब्याह का प्रस्ताव रखा।
यह देखकर कि तीनों युवक समान योग्यता के हैं, पिता ने लड़की पर ही चुनाव का भार छोड़ दिया। लेकिन महीनों तक लड़की कुछ तय नहीं कर पाई। इस बीच वह अचानक बीमार पड़ी और मर गई। बहुत शोकपूर्वक
तीनों युवकों ने अपनी प्रेमिका को दफनाया।
एक युवक ने लड़की की कब्र को ही अपना घर बनाया।
दूसरा फकीर होकर सफर पर निकल गया।
और तीसरा लड़की के शोकातुर पिता के पास ठहर गया।
फकीर युवक घूमते-घूमते एक ऐसे व्यक्ति के घर मेहमान हुआ,
जो मंत्र-तंत्र का ज्ञाता था।
जब मेजबान के साथ भोजन के लिये बैठा,
तभी एक छोटा बच्चा रोने लगा;
वह मेजबान का पोता था।
तांत्रिक ने उस बच्चे को उठाकर भाड़ में फेंक दिया।
यह देखकर युवक चीख उठा और बोला,
'राक्षस! मैंने दुनिया के सब दुख देखे हैं,
लेकिन ऐसा दुख कहीं नहीं देखा।'
मेजबान बोला, 'अज्ञान के कारण तुम्हें ऐसा लग रहा है।'
उसने एक मंत्र पढ़ा, डंडा हिलाया
और बच्चा हंसता हुआ आग से निकल आया।
युवक ने मंत्र याद कर लिया,
डंडा लिया और सीधे अपनी प्रेमिका की कब्र पर चला गया।
और पलक मारते ही उसकी प्रेमिका जीवंत उसके सामने खड़ी थी।
वह अपने बाप के घर गई।
तीनों युवक उस पर अपने-अपने दावे बताने लगे, जो जोरदार थे।
लेकिन लड़की ने कहा, 'जिसने मुझे जिलाया, वह रहमवर था।
जिसने मेरे पिता की सेवा की, उसके पास बेटे का दिल था।
लेकिन जो मेरी कब्र पर रहा, वह प्रेमी था। मैं उससे ही ब्याह करूंगी।'

यह कथा एक प्रतीक कथा है। सूफियों ने दिल खोलकर इसका प्रयोग किया है। ऊपर से साधारण-सी दिखती है, भीतर बहुत असाधारण है। कुछ प्राथमिक बातें समझ लें, फिर हम कथा में प्रवेश करें।

पहली बात, कि सूफी मानते हैं, प्रेम के अतिरिक्त सत्य का कोई द्वार नहीं है। प्रेमी ही पहुंच पाता है; ज्ञानी भटक जाता है। क्योंकि जानना तो सदा ऊपर-ऊपर है; प्रेम ही भीतर प्रवेश करता है। जानना तो सतह का है, हृदय तो केवल प्रेम से ही उघड़ता है। और सत्य सतह पर होता, तो विज्ञान उसे पा लेता। सत्य गहरे में है। और जीवन के हृदय में जिसे प्रवेश करना हो, केंद्र तक जिसे जाना हो, वह ज्ञान से नहीं, प्रेम से ही वहां तक पहुंच सकता है।

ज्ञान की कुंजी बहुत द्वार खोलती है, लेकिन उनमें से कोई भी द्वार अंतर्गृह तक नहीं जाता। सिर्फ प्रेम की कुंजी ही उस द्वार को खोलती है, जिसका नाम हृदय है। और सूफी कहते हैं, परमात्मा परम हृदय है। संसार उसकी परिधि है, परमात्मा उसका केंद्र है। और जब एक साधारण से व्यक्ति में भी प्रवेश संभव नहीं है बिना प्रेम के, तो उस परम हृदय में बिना प्रेम के कैसे प्रवेश होगा?

तो प्रेम सूफियों का मार्ग है। और इस वजह से सूफियों ने परमात्मा की बड़ी अनूठी कल्पना की है, जैसी किसी ने भी कभी नहीं की है। सिर्फ सूफी अकेले हैं पृथ्वी पर, जो परमात्मा को प्रेयसी के रूप में देखते हैं, प्रेमिका के रूप में। वह पुरुष नहीं है क्योंकि पुरुष के पास इतना गहरा हृदय कहां? वह प्रेयसी है। परमात्मा एक प्रेमिका है और भक्त उसका प्रेमी है।

परमात्मा को पिता के रूप में लोगों ने देखा है—ईसाई, यहूदी, मुसलमान। परमात्मा को प्रेमी के रूप में भी लोगों ने देखा है। हिंदुओं की बड़ी पुरानी परंपरा है परमात्मा को प्रेमी के रूप में देखने की—कृष्ण के रूप में; तब भक्त गोपी बन जाता है।

बंगाल में एक संप्रदाय है भक्तों का; 'सखी संप्रदाय' उस संप्रदाय का नाम है। प्रेम की बड़ी गहरी खोज उन्होंने भी की है। परमात्मा प्रेमी है, वे उसकी सखियां हैं। इसलिये पुरुष भी सखी संप्रदाय का अपने को स्त्री ही मानता है। प्रार्थना-पूजा के दिन स्त्री के कपड़े पहनता है। रात जैसे कोई अपने प्रेमी को पास लेकर सोए, ऐसा कृष्ण की प्रतिमा को लेकर सोता है। लेकिन धारणा यह है कि कृष्ण पति है, वह पत्नी है।

सूफी अकेले हैं, जिन्होंने बड़ी हिम्मत की। खुद को प्रेमी और परमात्मा को प्रेयसी माना है।

इस बात में सचाई होने की संभावना ज्यादा है क्योंकि पुरुष का चित्त ज्ञान के आसपास घूमता है। स्त्री का समग्र भाव प्रेम के आसपास घूमता है। पुरुष अगर प्रेम भी करता है तो भी उसका एक अंश ही प्रेमी बन पाता है। स्त्री जब भी प्रेम करती है तो उसका समग्र हृदय प्रेम बन जाता है। स्त्री पूरी की पूरी प्रेमिका बन जाती है। परमात्मा खंडित तो नहीं हो सकता। अगर वह प्रेमी है तो वह स्त्री जैसा होगा। अखंड उसका प्रेम होगा। पुरुष का प्रेम बदल भी जाता है। पुरुष का चित्त, मन; बड़ी तरंगों से भरा हुआ है; बड़े ऊपर के आकर्षण उसे खींचते हैं, आंदोलित करते हैं। स्त्री अनन्य भाव से एक की पूजा में रत रह पाती है। इसलिये स्त्रियां तो सती हो सकीं, एक भी पुरुष सती नहीं हो सका। एक प्रेमी मर गया तो स्त्री के जीवन का सारा सार खो जाता है। दूसरे पुरुष में उसी सार को खोजना स्त्री के लिए अकल्पनीय है। और जहां भी स्त्रियां दूसरे पुरुष में उस सार को खोजेंगी, वहां उनका स्त्रैण क्षीण हो जायेगा। उनकी गहरी गरिमा नष्ट हो जायेगी।

पश्चिम की स्त्री छिछली होती जाती है। उसका अस्तित्व परिधि पर होता जाता है। स्त्री की पूरी गरिमा तो पूरब ने खोजी थी। पर अनन्य भाव, एक के प्रति समग्र समर्पण?—समर्पण ऐसा कि अगर वह मर जाये तो वह उसकी मृत्यु मेरी भी मृत्यु बन जाये। प्रेमी का जीवन ही जीवन; प्रेमी की मृत्यु—मृत्यु!

पुरुष सती नहीं हो सकता। पुरुष उच्छृंखल है। क्योंकि पुरुष की सारी पकड़ मन से है, बुद्धि से है। और बुद्धि का अनन्य भाव नहीं होता। बुद्धि में भक्ति होती ही नहीं, श्रद्धा होती ही नहीं, संदेह होता है। पुरुष जब प्रेम भी करता है तब भी संदिग्ध रहता है। पता नहीं ठीक है या गलत! पता नहीं यही स्त्री प्रेमिका होने की पात्र है या नहीं! और यह संदेह सदा पीछा करता है।

स्त्री श्रद्धा है। हृदय में कोई संदेह की तरंग नहीं उठती। इसलिये सूफियों ने परमात्मा को स्त्री माना है। वह शुद्ध हृदय है, वहां विचार की कोई तरंग नहीं है। वह शुद्ध प्रेम है। और वह प्रेम अनन्य भाव से बरस रहा है।

भक्त पुरुष है क्योंकि वहां संदेह है। गहरे से गहरे भक्त में भी संदेह बना रहता है—मजबूरी है! क्योंकि हमारा व्यक्तित्व खंड-खंड है, बंटा है, द्वंद्व में है। एक हिस्सा श्रद्धा करता है, दूसरा अश्रद्धा करता है। एक से हम भाव बनाते हैं, दूसरा भाव को नष्ट करता है।

सूफी कहते हैं, भक्त पुरुष जैसा है, परमात्मा स्त्री जैसा है।

और जिस दिन भक्त परिपूर्ण रूप से परमात्मा में लीन हो जाये, उस दिन उसके पास भी स्त्री जैसा हृदय होगा।

तो स्त्री का हृदय परम द्वार है। प्रेम मार्ग है, विचार नहीं है।

दुनिया के धर्म दो मार्ग खोजे हैं। एक मार्ग है, ध्यान; और एक मार्ग है, प्रेम। दो ही मार्ग हैं। बुद्ध, महावीर, पतंजलि ध्यान को मार्ग मानते हैं। इसलिये उन तीनों ने प्रेम को काटने का सारा उपाय किया है। क्योंकि जब तक तुम प्रेम में पड़े हो, तब तक तुम कैसे ध्यान करोगे? ध्यान का अर्थ है—अकेले होने की क्षमता। ध्यान का अर्थ है—केवल भाव! एकांत! मैं ही हूं, कोई दूसरा नहीं। और मैं अपने से राजी हूं। कोई तड़फन नहीं, कोई पीड़ा नहीं, कोई विरह नहीं, कोई पाने की आकांक्षा, वासना नहीं। धन की ही नहीं, परमात्मा को भी पाने की वासना नहीं; तभी ध्यान होगा।

इसलिये बुद्ध-महावीर कहते हैं, परमात्मा है ही नहीं। और पतंजलि कहते हैं, आवश्यक नहीं है। कोई न मान सके तो ठीक है, परमात्मा को मान ले, लेकिन जरूरी नहीं है। योगी के लिए परमात्मा की कोई जरूरत नहीं। क्योंकि योगी की सारी साधना दूसरे से मुक्त होने की है। ध्यान का अर्थ है—दूसरे से मुक्त होने का प्रयास। इसलिये ध्यानी कभी भी प्रेम को जगह नहीं दे सकता। इसलिये बुद्ध के पास या महावीर के पास जाकर अगर प्रेम की चर्चा करें तो वे कहेंगे, तुम नासमझ हो।

कल ही मैं पश्चिम के एक बहुत बड़े नास्तिक विचारक एपीकुरस के वचन पढ़ रहा था। एपीकुरस नास्तिक है; ईश्वर को मानता नहीं। ठीक बुद्ध-महावीर जैसा ही है। बड़ी अदभुत बात उसने लिखी है। उसने ज्ञानी के लक्षण लिखे हैं, उसमें एक लक्षण है कि ज्ञानी कभी प्रेम नहीं करेगा। यह लक्षण बिलकुल ठीक है। ज्ञानी कैसे प्रेम कर सकता है? एपीकुरस कहता है, सिर्फ अज्ञानी ही प्रेम में पड़ सकता है, ज्ञानी कैसे प्रेम में पड़ेगा? ज्ञानी विवाह भला कर ले, लेकिन प्रेम नहीं कर सकता। क्योंकि विवाह एक संस्थागत बात है, एक व्यावहारिक, औपचारिक बात है। पत्नी की जरूरत है सेवा के लिए, भोजन के लिए, घर सम्हालने के लिए। तो ज्ञानी विवाह कर ले क्योंकि विवाह की उपयोगिता है। लेकिन ज्ञानी प्रेम में नहीं पड़ सकता। 'ए वाइज़ मैन कैन नाट फाल इन लव।' और एपीकुरस कहता है कि अगर बुद्धिमान प्रेम में पड़ जाये तो फिर निर्बुद्धि में और बुद्धिमान में भेद क्या? बुद्धिमानों ने ही प्रेम में 'गिरने' शब्द का उपयोग किया है। 'फालिंग इन लव'; उसमें पतन है, इसलिये फालिंग; इसलिये गिरने का भाव है। इसका मतलब, तुम अपनी बुद्धिमत्ता से गिर गये।

प्रेमी पागल जैसा मालूम पड़ता है बुद्धिमानों को—और है भी। क्योंकि बुद्धि से तो जीता नहीं है, हृदय से जीता है। हृदय के पास कोई तर्क तो नहीं है; भाव है। भाव अंधा है। या फिर भाव के पास ऐसी आंखें हैं, जिनको बुद्धि नहीं पहचान पाती।

तो बुद्ध, महावीर, पतंजलि तीनों ही प्रेम को काटते हैं, ताकि ध्यान पूर्ण हो सके। इसलिये सभी की साधना विराग की साधना है। प्रेम है राग, काटना है प्रेम को। प्रेम को इतना काट देना है कि दूसरा बचे ही न; तुम अकेले बचो। दूसरे की स्मृति भी न आये, दूसरे का विचार भी न उठे। जिस दिन तुम बिलकुल अकेले हो और यह सारा जगत खो गया और

इसमे कोइ दूसरा न बचा, जिससे तुम्हारे संतोष का कोई भी संबंध है, जिससे तुम्हारे सुख का कोई भी सेतु है, जिस पर तुम किसी भी तरह निर्भर हो; जिस दिन तुम परिपूर्ण स्वतंत्र हो गये। परिपूर्ण स्वतंत्र तो तुम तभी होओगे, जब प्रेम बिलकुल कट जाये। क्योंकि प्रेम तो एक तरह की परतंत्रता है। दूसरा उसमें जरूरी है। और दूसरे का सुख तुम्हारे सुख का आधार है। दूसरा दुखी हो तो तुम दुखी हो जाते हो। तो प्रेमी तो कैसे ध्यानी हो सकता है?

एक तो मार्ग ध्यानियों का है। बुद्ध, महावीर, पतंजलि उसके शिखर हैं।

एक मार्ग प्रेमियों का है। और प्रेमी कहते हैं कि जब तक तुम्हारे जीवन में प्रेम का पागलपन न आया, प्रेम की मस्ती न आई, तब तक तुम्हारा अहंकार मिटेगा कैसे? ध्यानी का जोर है कि दूसरे पर तुम निर्भर रहो तो तुम परतंत्र हो। प्रेमी का जोर है कि अगर तुम बिलकुल स्वतंत्र होने की कोशिश किए तो तुम्हारा अहंकार कैसे मिटेगा ? तुम ही बच रहोगे आखिर में, वही तुम्हारा शुद्ध अहंकार होगा। और अहंकार ही बाधा है। प्रेम की कीमिया में ही अहंकार पिघलता है। प्रेम की आग में ही अहंकार जलता है। प्रेमी कहते हैं, दूसरे का उपयोग तुम निर्भरता के लिए क्यों करते हो? दूसरे का उपयोग समर्पण के लिए करो। दूसरे पर निर्भर होने का सवाल ही नहीं, दूसरे में खो जाने का सवाल है। और जब तुम बचोगे ही नहीं तो कौन निर्भर? कौन परतंत्र?

इसे जरा समझ लें। मिटाते दोनों हैं—ध्यानी दूसरे को मिटाता है, प्रेमी अपने को मिटाता है। प्रेमी कहता है, दूसरा ही बचेगा। एक घड़ी आयेगी, जब मैं रहूंगा ही नहीं। फिर किसकी परतंत्रता? किसका बंधन? फिर कौन दुख में? दो हैं अभी, एक बचना चाहिए। ध्यानी दूसरे को मिटाकर अपने को बचा लेता है; प्रेमी अपने को मिटाकर दूसरे को बचा लेता है। जिस दिन एक बच जाता है, उसी दिन सत्य उपलब्ध हो जाता है। क्योंकि सत्य यानी एक। सत्य यानी अद्वैत।

अब इस अद्वैत को पाने के दो ढंग हो सकते हैं: या तो मैं मिटूं, या तुम मिटो। तू ना रहे, या मैं ना रहूं। दोनों मार्ग हैं। मेरे देखे दोनों सही हैं। दोनों तरफ से लोग पहुंचे हैं। सूफी हैं, कृष्ण-भक्त हैं, मीरा है, चैतन्य है, ये प्रेम के रास्ते से पहुंचे। और इनकी ऊंचाई बुद्ध, महावीर और पतंजलि से जरा भी कम नहीं; इंच भर भी कम नहीं। क्योंकि जब एक बचता है तो फर्क ही नहीं रह जाता, कौन बचा! उसे हम क्या कहें? उसे आत्मा कहें? ध्यानी उसे आत्मा कहता है; प्रेमी उसे परमात्मा कहता है। इसलिये ध्यानी परमात्मा की बात को छोड़ते हैं क्योंकि परमात्मा में दूसरा आ जाता है। सिर्फ आत्मा! इसलिये महावीर कहते हैं, आत्मा ही परमात्मा है। और प्रेमी कहता है, तू ही मैं हूं।

जलालुद्दीन रूमी की प्रसिद्ध कविता है।

प्रेमी आया और उसने अपनी प्रेयसी के द्वार पर दस्तक दी।

भीतर से पूछा गया, 'कौन? कौन आया?'

उसने कहा, 'मैं। क्या मेरी दस्तक तू नहीं पहचानी? क्या मेरे चरण की आवाज तू न पहचानी? मैं तो सोचता था तू मुझे पहचान गई; इसलिये हवा का झोंका भी मेरा तुझे खबर दे देगा। मैं तेरा प्रेमी।'

लेकिन फिर भीतर से कोई आवाज न आई। दरवाज़े भी न खुले। प्रेमी ने बहुत सिर मारा

तो भीतर से केवल इतनी खबर आई कि जब तक 'तू' है, तब तक दरवाजा कैसे खुल सकता है? प्रेम का दरवाजा 'मैं' के लिए कैसे खुल सकता है? तो जब तू तैयार हो जाये तब लौट आना।'

अनेक दिन आये और गये, अनेक चांद-तारे बीते; तब फिर वर्षों बाद प्रेमी उसके द्वार पर आया। उसने दस्तक दी।

भीतर से वही सवाल! प्रेम सदा वही पूछता है, 'कौन?'

उसने कहा, 'अब तो तू ही है।'

तो रूमी कहते हैं, दरवाजा उस दिन खुल गया।

यह सूफियों का सार है। मिटना है दो को; और बनना है एक। पर प्रक्रिया दोनों की बड़ी अलग हो जायेगी। क्योंकि ध्यानी को दूसरे को भुलाना है और प्रेमी को अपने को भुलाना है। ध्यानी को दूसरे से मुक्त होना है, प्रेमी को अपने से मुक्त होना है। ध्यानी हत्यारे की भांति है, और प्रेमी आत्मघाती की भांति। ध्यानी काटता है दूसरे को, अकेला बच जाये। प्रेमी काटता है अपने को कि मैं न बचूं, वही बच जाये।

दोनों रास्तों से लोग पहुंचे हैं। दोनों से लोग सदा पहुंचते रहेंगे। मेरे लिए कोई चुनाव नहीं है, विकल्प नहीं है। मुझे इन दोनों में कोई भेद नहीं है। इसलिये पतंजलि पर भी मुझे बोलने में सुख है और सूफियों पर भी बोलने में सुख है।

और जब मैं तुमसे कहता हूं तो तुमसे कोई मार्ग चुनने को नहीं कह रहा हूं। तुम अपने को पहचानना। अपने भाव को पहचानना। तुम्हें फिर जो सरल लगे, उससे चले जाना। जो सरल, वही तुम्हारे लिए मार्ग है। मार्गों का चुनाव नहीं करना है तुम्हें, अपनी पहचान करनी है। अगर प्रेम ही तुम्हारे जीवन की धारा हो तो तुम अपने को मिटाना और परमात्मा को बचाना। अगर तुम पाओ कि प्रेम तुम्हारे जीवन में उठता ही नहीं; खींचते हो तो भी बैठ-बैठ जाता है। हृदय धड़कता ही नहीं, भाव पकड़ता ही नहीं; विचार ही दौड़ते हैं, तर्क ही पकड़ता है; श्रद्धा गहरी नहीं होती, संदेह ही गहरा है, तो फिर ध्यान ही तुम्हारा मार्ग है। और कोई ऊंचा-नीचा नहीं है।

अब हम इस कहानी को लें।

कहानी कहती है, युवती है एक सुंदर। तीन हैं उसके प्रेमी। प्रेयसी एक, प्रेमी तीन।

पहली बात समझ लेनी जरूरी है। परमात्मा एक, प्रेमी अनेक। अनंतता प्रेमियों की है; प्रेयसी की अनंतता नहीं है, प्रेयसी एक है।

कहानी कहती है कि युवती को बड़ी कठिनाई है, कैसे चुनें! तीनों समान गुणधर्मा हैं। समान बुद्धिमान हैं, सुंदर हैं, स्वस्थ हैं। गुणों की तरफ से तौलने का कोई उपाय नहीं है। तीनों का प्रेम है उसकी तरफ। अगर गुणों में कमी-बेशी होती तो चुनाव आसान हो जाता। लेकिन वे तीनों समान गुणधर्मा हैं।

इसे थोड़ा समझना चाहिए। असल में प्रेम के लिए गुणों का सवाल ही नहीं है। जहां गुण का सवाल है, वहां बुद्धि प्रवेश कर जाती है।

बुद्धि सोचती है कि किसका गुण ज्यादा, किसका कम। बुद्धि तुलना करती है। बुद्धि हिसाब बिठाती है। तो सच नहीं है यह बात, कि तीनों समान गुणधर्मा थे; क्योंकि हो नहीं

सकते। ऐसा युवती को दिखाई पड़ता है, तीनों समान गुणधर्मा हैं। तीनों हो नहीं सकते समान गुणधर्मा; क्योंकि दो समान होते ही नहीं। थोड़े से गणित को खोजने की जरूरत थी और पता चल जाता कि कोई गुण में ज्यादा है, कोई गुण में कम है। क्योंकि इस जगत में समान वस्तुएं होती ही नहीं। दो कंकड़ एक जैसे नहीं होते तो दो व्यक्ति तो एक जैसे कैसे हो सकते हैं? लेकिन यह सवाल बुद्धि का है। बुद्धि तौल करती है, माप करती है। बुद्धि का अर्थ है माप; मेज़रमैंट। तौल हो जाती है; थोड़ा बारीक तराजू खोजना पड़ता बस, लेकिन तौल हो जाती है।

लेकिन हृदय बुद्धि से सोचता ही नहीं। इसलिये जब परमात्मा के निकट हजारों प्रेमियों की प्रार्थनायें होती हैं तो तुम यह मत सोचना कि मैं ज्यादा बुद्धिमान हूं इसलिये मेरी प्रार्थना पहले सुन ली जायेगी; कि मैं ज्यादा धनी हूं इसलिये मेरी आवाज पहले पहुंच जायेगी; कि मैं बड़ा चित्रकार हूं, मूर्तिकार हूं, या राजनीतिज्ञ हूं, इसलिये पंक्ति में मुझे पहले खड़े होने का मौका मिल जायेगा। नहीं, तुम्हारे गुणों का कोई सवाल नहीं। बल्कि तुम गुणों पर अगर निर्भर रहे तो यही तुम्हारा योग्यता का आधार होगा। तुम्हारा हृदय जांचा जायेगा। तुम्हारे गुणों का कोई सवाल नहीं है। तुम्हारी टेलेन्ट्स का कोई सवाल नहीं है। तुम्हारे परीक्षा-पत्र और तुम्हारी उपाधियां काम न पड़ेंगी। तुम्हारा हृदय ही काम आयेगा।

युवती के सामने तीनों थे, उसे तीनों समान दिखते थे। प्रेम से भरा हुआ हृदय बुद्धि से सोचता नहीं। इसलिये अगर कभी तुम्हारा हृदय सच में ही प्रेम से भर जाये तो तुम भी माप-तौल में मुश्किल अनुभव करोगे।

एक मां के लिए उसके सात बेटे हैं, जरा भी भेद नहीं होता। उसमें कोई ज्यादा बुद्धिमान, कोई बुद्धू, कोई स्वस्थ, कोई अस्वस्थ, कोई सुंदर, कोई कुरूप, लेकिन मां को सातों बेटे एक जैसे दिखाई पड़ते हैं। और अगर सवाल उठ जाये कि इन सातों में से छह को बचा ले और एक को मर जाने दे तो मां मुश्किल में पड़ जायेगी कि किसको छोड़ूं। क्योंकि अगर बुद्धि से सोचे तो तर्क साफ हो जायेगा कि जो सबसे ज्यादा बेकार है उसे। हृदय इस भांति नहीं सोचता, हृदय के सोचने के ढंग ही अलग हैं।

उस युवती को तीनों समान दिखाई पड़े। प्रेम को सदा तीनों समान दिखाई पड़ेंगे। प्रेम तुलना करता ही नहीं। और चूंकि यह कथा तो मूलतः परमात्मा की है, इसलिये परमात्मा को भक्त समान दिखाई पड़ेंगे। उनके गुणों से कोई भेद नहीं पड़ता। एक भक्त काशी से पांडित्य लेकर आया है और एक भक्त गांव का अज्ञानी है, इससे कोई फर्क नहीं पड़ता। काशी का पंडित यह दावा नहीं कर सकता कि मेरे पास पांडित्य अतिरिक्त है। भक्ति के साथ कुछ और भी मेरे पास है, इसलिये पहले मौका मुझे मिलना चाहिए। ना, कोई गुणों का सवाल नहीं है। हृदय के भाव का ही सवाल है। लेकिन भाव को तौलना बड़ा मुश्किल है। गुण तौले जा सकते हैं, परीक्षा हो सकती है, भाव नहीं तौला जा सकता है। भाव इतना निगूढ़ है, इतना रहस्यपूर्ण है, उसके लिए कोई तराजू निर्मित नहीं हो सके।

पश्चिम में मनोवैज्ञानिकों ने बुद्धि को तौलने के उपाय खोज लिए हैं। फ्रांस में बहुत बड़ा विचारक मनोवैज्ञानिक हुआ, बेनेठ; उसने बुद्धि-अंक खोज लियाः 'आइ-क्यू'। तो बुद्धि नापी जा सकती है कि कितनी बुद्धि तुममें है; उसका भी तराजू है अब। सामान्य है, सामान्य से कम है, या ज्यादा है, या प्रतिभाशाली हो, तौला जा सकता है; कोई अड़चन नहीं है।

पंद्रह मिनट में पता चल जाता है। लेकिन प्रेम को तौलने का कोई उपाय अब तक नहीं खोजा जा सका। 'इन्टेलिजेन्स कोशियेन्ट' खोज लिया गया, 'लव कोशियेन्ट' नहीं खोजा जा सका। बुद्धि-अंक तो पता चल जाता है, लेकिन प्रेम का अंक बिलकुल पता नहीं चलता। प्रेम को मापना मुश्किल है। कैसे हम मापें कि प्रेम है, या प्रेम नहीं है, या कितना है? बुद्धि से तो प्रश्न पूछे जा सकते हैं, बुद्धि उत्तर देगी; उत्तरों से पता चल जायेगा। प्रेम से कोई प्रश्न नहीं पूछे जा सकते।

प्रेम तो सिर्फ परिस्थिति में पता चलेगा। इसे थोड़ा समझ लें। प्रेम तो किसी घटना से पता चलेगा। प्रेम तो किसी ऐसी अवस्था में पता चलेगा, जो मौजूद हो जाये। तीन व्यक्ति तुम्हें प्रेम करते हैं और तुम डूब रहे हो नदी में, उस वक्त पता चलेगा कि उन तीन में से कौन अपनी जान को जोखिम पर लगाता है? कौन छलांग लेता है? कौन तुम्हें बचाने जाता है? परिस्थिति चाहिए। जीवंत परिस्थिति चाहिए तो ही प्रेम का पता चलेगा। इसलिये कहानी बड़ी साफ है।

कहानी कहती है, लड़की तय न कर पाई कि किसको चुनें। तीनों समान गुणधर्मा मालूम हुए और तीनों का प्रेम मालूम होता था। अब कोई परिस्थिति ही प्रगट कर सकती है।

परिस्थिति सूफियों ने जो चुनी है, वह मौत। प्रेम का ठीक पता मौत के क्षण में ही चलता है, उसके पहले नहीं। यह बड़ी अजीब बात है। जीवन में प्रेम की जांच नहीं हो पाती, मौत में प्रेम की जांच होती है। क्योंकि जीवन में तो हम धोखा दे सकते हैं, इसलिये जो स्त्रियां अपने प्रेमियों के लिए मर गईं आग में जलकर उन्होंने खबर दी, कि प्रेम था। जिंदा में तो सभी स्त्रियां अपने पतियों से कहती हैं कि तुम्हारे बिना न जी सकूंगी, मर जाऊंगी। यह सवाल नहीं है। कौन मरता है! यह कोई उत्तर की बात हो तो सभी पत्नियां यही कहती हैं कि तुम्हारे बिना मर जाऊंगी, तुम्हारे बिना क्षण भर न जी सकूंगी। लेकिन कोई मरता नहीं। पति मर जाता है, थोड़ा रोना-धोना होता है, फिर जिंदगी शुरू हो जाती है। घाव भर जाते हैं। फिर नये प्रेमी मिल जाते हैं।

मृत्यु ही प्रेम की जांच बन सकती है, क्योंकि मृत्यु से गहरी कोई घटना नहीं है। इसलिये प्रेम को जांचने के लिए उससे छोटी कोई चीज काम नहीं आयेगी।

प्रेम इतना गहरा है, जितनी मृत्यु।

इसलिये जो जानते हैं, वे जानते हैं कि प्रेम और मृत्यु समान हैं, उनमें एक गहरा पर्याय है। दोनों एक जैसे हैं और उनकी गहराई बराबर एक जैसी है। प्रेम का अर्थ है, तुम्हारे केंद्र तक छिद जाये तीर। मृत्यु में भी केंद्र तक तो तीर छिदता है। मृत्यु में शरीर तो छिन जाता है, परिधि छिन जाती है, सिर्फ तुम रह जाते हो केंद्र की भांति। और प्रेम में भी सब छिन जाता है। सिर्फ तुम बचते हो, तुम्हारा केंद्र बचता है। तुम्हारा अस्तित्व मात्र बचता है, बाकी सब छिन जाता है।

तो प्रेम भी उतना ही गहरा जाता है, जितनी मृत्यु। इसलिये प्रेमी वही हो सकता है, जो मरने को तैयार हो। उससे कम की कोई परीक्षा काम नहीं देगी। जीने के लिये तो सभी तैयार हैं। मरने की जब तैयारी हो तो प्रेम का आविर्भाव होता है। और अगर मरने की तैयारी न हो तो प्रेम का धोखा चलता है, तब प्रेम का व्यवसाय चलता है।

कहानी कहती है, वह युवती मर गई अचानक। इसके सिवाय कोई मार्ग भी न था। जानने का बस एक ही उपाय था कि मृत्यु के बाद क्या व्यवहार है प्रेमियों का। उनमें से तीनों बड़े दुखी हुए, रोये, पीटे, खिन्न हुए, उदास हुए। जीवन से अर्थ खो गया। एक कब्र पर ही रह गया। दूसरा विपन्न पिता की सेवा में लग गया। लड़की मर गई और पिता बहुत दुखी और बूढ़ा। और तीसरा विरागी हो गया, संन्यस्त हो गया, घर छोड़कर फकीर हो गया।

तीनों ने जो भी व्यवहार किया, वह प्रेमपूर्ण है। क्योंकि विपन्न पिता की सेवा में लग जाना...इस पिता से तो कोई संबंध न था, सिर्फ प्रेयसी का पिता था। और प्रेयसी मर गई, अब क्या संबंध था? मरते ही हमारे सब संबंध टूट जाते हैं। क्योंकि सेतु ही मिट गया तो अब इस पिता से क्या लेना-देना था! लेकिन यह पिता दुखी था, मरी हुई प्रेयसी का पिता था। एक युवक पिता की सेवा में लग गया।

दूसरे के जीवन में अर्थ खो गया। जब प्रेयसी ही मर गई अब कुछ पाने को न बचा, वह फकीर हो गया। वह परमात्मा की तलाश पर निकल गया। तीसरे ने जैसे होश-हवास खो दिया। न कुछ करने को बचा, न कुछ खोजने को बचा। फकीरी तक व्यर्थ मालूम पड़ी। वह वहीं कब्र पर घर बनाकर रहने लगा। वह कब्र ही उसका घर हो गयी।

तीनों ने प्रेमपूर्ण व्यवहार किया लेकिन तीनों के प्रेम बड़े अलग-अलग मालूम पड़ते हैं। भेद शुरू हो गया। परिस्थिति ने भेद साफ कर दिया। जो युवक पिता के पास रहने लगा, उसका प्रेम दया, करुणा, सहानुभूति जैसा था। परिस्थिति ने उघाड़ा हृदय को; और कोई जांचने का उपाय न था। उसके प्रेम में दया थी। लेकिन ध्यान रहे, दया और प्रेम बड़ी अलग बातें हैं। और प्रेमी दया नहीं मांगता, और अगर तुम प्रेमी को दया करो तो दुखी होता है। क्योंकि दया तो सदा अपने से नीचे पर की जाती है। प्रेम समान है; वह किसी को नीचे नहीं रखता। प्रेम दूसरे को समकक्ष मानता है। दया तो नीचे के प्रति की जाती है। दया में तुम ऊपर हो जाते हो। और दया का पात्र नीचा हो जाता है। दया तो भिक्षा जैसी है। प्रेम और दया पर्यायवाची नहीं हैं।

बहुत से लोगों ने यहां भूल की हुई है। और वे दया को प्रेम समझ रहे हैं। और उसके कारण उनके जीवन में प्रेम का फूल नहीं खिल पाता। पति दया करता है पत्नी पर,' लेकिन पत्नी तृप्त नहीं होती क्योंकि पत्नी प्रेम चाहती है, दया नहीं। दया का तो अर्थ है, तुमने दूसरे को भिखांरी बना दिया। दया का अर्थ है, तुम धनी हो गये, तुम दाता हो गये। दूसरा भिक्षा-पात्र लिए खड़ा हो गया। दया तो बहुत अहंकार की घटना है। प्रेम दया नहीं मांगता। क्योंकि दया में दूसरे को तुम दे रहे हो। प्रेम में भी दूसरे को तुम देते हो; इसलिये समानता मालूम पड़ती है। लेकिन प्रेम में तुम दूसरे को इसलिये देते हो कि देने में आनंद है। दया में तुम दूसरे को इसलिये देते हो कि दूसरा दुखी है। दया एक कर्तव्य है, एक 'ड्यूटी' है।'

वह जो पहला युवक पिता की सेवा में लग गया, कर्तव्यनिष्ठ था। नैतिक बुद्धि उसके भीतर थी। अब प्रेयसी तो मर गई है, अब एक कर्तव्य बचा है, जिसे पूरा करना है।

कर्तव्य और प्रेम बड़े विपरीत हैं। तुम अगर अपनी मां की सेवा इसलिये करते हो कि यह कर्तव्य है क्योंकि वह तुम्हारी मां है, तुम्हारी मां कभी तृप्त न होगी। क्योंकि मतलब साफ है कि यह एक बोझ है। कर्तव्य सदा बोझ है; वह प्रेम नहीं है। मां भी चाहती थी प्रेम। तुम

इसलिये करते सेवा कि तुम आनंदित होते थे सेवा करके, तब बात अलग थी। सेवा तुम्हारा आनंद थी। लेकिन अभी तुम इसलिए सेवा करते कि दूसरा दुखी है, करना जरूरी है। एक कर्तव्य है, जो पूरा करना होगा। एक नैतिक बुद्धि काम कर रही है, लेकिन हृदय का भाव खो गया।

दया और प्रेम पर्यायवाची नहीं हैं।

प्रेम बड़ी अनूठी घटना है। दया बड़ी साधारण बात है। दया तो कोई भी बुद्धिमान आदमी कर लेगा—करनी चाहिए। लेकिन दया निष्प्राण है। वह ऐसा पक्षी है जो मर चुका, जिसमें तुमने भुसा भरकर घर पर रख दिया है, दूर से जीवित दिखाई पड़ता है।

प्रेम उड़ता हुआ पक्षी है आकाश में—जीवंत! दया मरा हुआ पक्षी है, जिसमें भूसा भरके रख दिया है। देखने में जीवंत से भी ज्यादा स्वस्थ मालूम पड़ सकता है—बस देखने में। भीतर वहां प्राण नहीं है।

एक युवक निष्ठावान था; दया और करुणा से सेवा में लग गया।

सूफी फकीर कहते हैं कि दया तुम्हें परमात्मा तक नहीं पहुंचायेगी। दया नैतिक है, प्रेम धर्म है। इसलिये तुम गरीबों की सेवा करो, भूमिहीनों को भूमि दिलवाओ, बीमारों का हाथ-पैर दाबो। अगर यह कर्तव्य है तो तुम चूक गये।

ईसाइयत दया के कारण चूकती चली गई है। क्योंकि जीसस ने 'सर्विस' पर, सेवा पर बड़ा जोर दिया। लेकिन जीसस की सेवा प्रेम का पर्यायवाची थी। ईसाई मिशनरी सेवा कर रहा है, क्योंकि सेवा सीढ़ी है परमात्मा तक जाने की। गरीब चाहिए, बे-पढ़े-लिखे लोग चाहिए, आदिवासी चाहिए, भूखे-नंगे लोग चाहिए; उनकी सेवा करो। क्योंकि सेवा ही रास्ता है, उससे ही तुम पहुंच सकोगे। जिस दिन दुनिया में सभी सुखी होंगे और सेवा करने को कोई न बचेगा, उस दिन ईसाई मिशनरी के लिए स्वर्ग जाने का रास्ता बंद। तो बहुत बहरे में ईसाई मिशनरी चाहेगा नहीं कि दुनिया सुखी हो जाये।

एक हिंदू विचारक हैं करपात्री; उन्होंने एक किताब लिखी है रामराज्य और समाजवाद पर। समाजवाद के खिलाफ उन्होंने बड़ी से बड़ी दलील दी है, वह यह है कि अगर समाजवाद में सभी लोग समान हो गये तो दान असंभव हो जायेगा। और दान के बिना तो मोक्ष नहीं है। हिंदू धर्म कहता है कि दान के बिना मोक्ष नहीं। तो करपात्री कहते हैं, गरीब का रहना तो जरूरी है। दान कौन लेगा? दान देगा कौन? और जब हिंदू शास्त्र कहते हैं, दान के बिना मोक्ष नहीं तो अगर दान की व्यवस्था ही कट गई, समाजवाद हो गया तो मोक्ष खो जायेगा। तो करपात्री के मोक्ष के लिए गरीब का होना जरूरी है। गरीब एक सीढ़ी है, जिसके सिर पर पैर रखकर मोक्ष तक जाना है। यह सेवा किस तरह की सेवा है? यह दान किस तरह का दान है? इसमें प्रेम जरा भी नहीं है।

और अगर ऐसी सेवा से मोक्ष मिलता हो तो सूफी कहते हैं, ऐसा मोक्ष झूठा होगा। प्रेम से मिलता है मोक्ष। प्रेम हर हालत में किया जा सकता है। दया हर हालत में नहीं की जा सकती है। दया के लिए दूसरे का विपन्न होना जरूरी है। प्रेम सुखी से भी किया जा सकता है, दया केवल दुखी से की जा सकती है। इसे थोड़ा समझ लें।

यह लड़का बाप की सेवा करने आया और पाता कि बाप सितार बजाकर आनंदित हो

रहा है। और यह उससे कहता है कि तुम्हारी लड़की मर गई और तुम आनंदित हो रहे हो! वह कहता है कि कौन मरता, कौन जीता! और सितार बजाता रहता। यह लड़का छोड़कर चला जाता। इसकी क्या सेवा करनी! यह दुखी ही नहीं है।

तुम जब भी किसी की सेवा करने जाते हो और अगर तुम पाओ कि वह दुखी नहीं, तो तुम दुखी लौटते हो। तुम दुखी की तलाश में निकले थे। किसी के घर कोई मर गया है, तुम जाते हो शोक-संवेदना प्रगट करने, लेकिन वहां जाकर पाते हो कि वहां कोई शोक-संवेदना का सवाल ही नहीं है, तब तुम उदास लौटते हो। तुम न केवल उदास लौटते हो, बल्कि नाराज लौटते हो।

च्वांगत्से की पत्नी मर गई। च्वांगत्से तो ख्याति नाम संत था। सम्राट संवेदना प्रगट करने आया। तो सम्राट तैयार करके आया होगा।

जब भी संवेदना प्रगट करने कोई जाता है तो रिहर्सल कर लेता है, क्या कहना! क्योंकि संवेदना का क्षण इतना नाजुक, कि कहीं कुछ गलत बात न निकल जाये! तो हम तैयारी करके जाते हैं, क्या कहेंगे, कैसे कहेंगे। और संवेदना का क्षण बड़ा ही अटपटा। किसी के घर कोई मर जाये और तुम्हें जाना पड़ता है तो कैसी मुसीबत मालूम पड़ती है कि क्या करें! इसलिये लोग अकेले नहीं जाते, दस-पांच लोग जाते हैं। उसमें बोझ बंट जाता है। बातचीत चल जाती है। यहां-वहां की बातचीत करके तुम दुख प्रगट करके वापिस लौट आते हो।

सम्राट आया तो उदास चेहरा करके आया था। लेकिन यहां देखा कि फकीर च्वांगत्से एक झाड़ के नीचे बैठकर खंजड़ी बजा रहा है। सम्राट को थोड़ी चोट लगी। जब खंजड़ी बजाना बंद हुआ, उसने च्वांगत्से की तरफ देखा। वह प्रसन्न है, जैसा सदा था। तो सम्राट ने कहा कि यह जरा सीमा के बाहर है। दुखी मत होओ, चलेगा; लेकिन कम से कम खंजड़ी तो मत बजाओ। मत रोओ, चलेगा, लेकिन यह उत्सव मनाने का तो क्षण नहीं है!

च्वांगत्से ने कहा, या तो रोओ या उत्सव मनाओ। दो के बीच कोई जगह नहीं है। या तो ऊर्जा आंसू बनेगी, या ऊर्जा मुस्कुराहट बनेगी। दो के बीच कोई जगह नहीं है, जहां तुम खड़े हो जाओ।

तुमने कभी जीवन में ऐसी कोई जगह जानी है—दो के बीच? या तो तुम उदास होते तो या प्रसन्न; दो के मध्य क्या है? और कभी अगर तुम खयाल भी करते हो कि मैं मध्य में हूं तो तुम गौर से देखना, तुम उदास हो। मध्य में कोई होता ही नहीं। मध्य में कोई जगह ही नहीं है। या तो ऊर्जा बहती है आनंद की तरफ, या दुख की तरफ।

च्वांगत्से ने कहा, 'मध्य में कोई जगह नहीं है। या तो खंजड़ी बजेगी, या आंसू बहेंगे। और आंसू बहाने की कोई जरूरत नहीं है; क्योंकि न कोई मरता है, न कोई कभी पैदा होता है। और फिर यह जो मेरी पत्नी थी, इसने मुझे इतना सुख दिया, इसे अगर मैं सुखपूर्वक बिदा भी न दे सकूं तो और मैं क्या कर सकता हूं!'

सम्राट बिना बोले वापिस लौट गया। दुबारा कभी च्वांगत्से को देखने नहीं आया। क्योंकि वह जो सब तैयार करके आया था, इसने सब गड़बड़ कर दिया।

तुम दुखी आदमी की तलाश में हो क्योंकि तुम्हें सेवा का मौका मिलता है, दया का मौका मिलता है। और दया में ऐसा मजा है अहंकार को, जिसका कोई हिसाब नहीं। तुम

चाहते हो कि कोई मौका मिले, जब तुम दया कर सको। इसलिये तुम खयाल करो कि जब तुम पर कोई दया करता है तो तुम अच्छा अनुभव नहीं करते। जब तुम पर कोई दया बरसाता है तो तुम्हें भीतर पीड़ा होती है, तुम्हारे अहंकार को चोट लगती है। तुम भी परमात्मा से प्रार्थना करते हो, कोई मौका देना कि मैं भी दया कर सकूं इस पर। इसलिये तुम किसी को चोट पहुंचाओ, वे तुम्हें भला माफ कर दें, लेकिन तुमने जिस पर दया की है, वह तुम्हें कभी माफ नहीं करेगा।

एक धनपति मेरे पास आते थे। बड़े अहंकारी हैं, शुद्ध अहंकारी हैं। आदमी भले हैं। भले आदमी ही शुद्ध अहंकारी होते हैं, बुरे नहीं। किसी को चोट नहीं पहुंचाते, किसी को नुकसान नहीं करते। और जितना भी बन सके, लोगों की सहायता करते हैं। वह मुझसे पूछे कि एक बात मेरी समझ में नहीं आती, मैंने अपने सब रिश्तेदारों को धनपति बना दिया। जितना मैं दे सकता था, उससे ज्यादा मैंने उन्हें दिया, लेकिन कोई भी मुझसे प्रसन्न नहीं है। और सब मेरे दुश्मन हैं। जिसकी मैं सहायता करता हूं, वही आज नहीं कल दुश्मन हो जाते हैं।

मैंने उनसे कहा कि होगा ही। उनको भी दया करने का कभी मौका दें, वह आपने कभी नहीं दिया। आप दुश्मन पैदा कर रहे हैं क्योंकि दया कभी भी क्षमा नहीं की जा सकती। और आप इतने सुविधा में हैं कि आप उनको कोई मौका नहीं देते कि वे भी आप पर कभी दया कर सकें। आपका मित्र तो कोई हो ही नहीं सकता। उनको बात पहले तो समझ में नहीं पड़ी, धीरे-धीरे समझ में आई।

दया करना भी दूसरे के अहंकार को चोट पहुंचाना है। प्रेम दया नहीं कर सकता। एक बार प्रेम क्रोध भला करे, लेकिन प्रेम दया नहीं कर सकता है। दया तो तभी होती है, जब प्रेम तिरोहित हो गया होता है। दया तो राख है। जब प्रेम जल चुका होता है, तब राख बचती है।

दूसरा युवक संन्यस्त हो गया, विरागी हो गया। उसका प्रेम भी बहुत गहरा न रहा होगा, उथला रहा होगा। तभी तो मृत्यु ने सारी बदलाहट कर दी। जहां राग था, वहां विराग आ गया। प्रेम अगर गहरा होता तो इतना आसान परिवर्तन नहीं था। छोड़कर, फकीर होकर चल पड़ा। देखने में तो हमें लगेगा कि बड़ा प्रेमी था। सब छोड़ दिया! लेकिन प्रेम अगर गहरा हो तो देख ही नहीं पाता कि प्रेयसी मर सकती है।

प्रेम सदा अमृत को देखता है।

यह कोई प्रेमी नहीं था, यह इस स्त्री को भोगने को उत्सुक था। और जब स्त्री मर गई, भोग का द्वार बंद हो गया तो खिन्न और उदास! इसका जो संन्यास है, वह भी वास्तविक नहीं है; वह खिन्नता से पैदा हुआ है, उदासी से पैदा हुआ है, निराशा से पैदा हुआ है। और इस फर्क को ठीक से समझ लेना।

अगर तुम्हारा धर्म संसार की निराशा से पैदा हुआ है तो तुम्हारा धर्म वास्तविक नहीं हो सकता। क्योंकि निराशा से सत्य का कहीं जन्म हुआ है? और दुख से कहीं मोक्ष मिला है? दुख से जो बीज खिलेगा, उसमें दुख के ही बीज लगेंगे।

अगर तुम्हारा संन्यास संसार के अनुभव से पैदा हुआ हो, तब बात दूसरी है। अगर तुम्हारा संन्यास संसार के सुख से पैदा हुआ हो और संसार के सुख ने तुम्हें इशारा किया हो कि और महासुख की संभावना है, और तुम परमात्मा की खोज में गये हो, यह बात

बिलकुल अलग है। यह एक विधायक तत्व है।

संसार में दुख है, व्यर्थता है, इसलिये तुम परमात्मा की खोज पर गये हो। तुम संसार से थके हो। तुम्हारी हालत वैसी ही है, जैसी ईसप की लोमड़ी की—जिसने छलांग बहुत मारी और अंगूर न पा सकी, तो वापस लौटकर गई और अपने मित्रों को कहा कि अंगूर खट्टे हैं।

संसार खट्टा है, तो परमात्मा बहुत मीठा नहीं हो सकता। संसार खट्टा इसीलिये है कि तुम संसार के फल चख नहीं पाये। और जब तुम संसार के फल नहीं चख पाये तो परमात्मा के फल तो तुम कैसे चख पाओगे? क्योंकि संसार के फल भी लंबी छलांग से न मिल सके, तो परमात्मा तो और भी लंबी छलांग है। संसार के फल तो बहुत निकट थे; यह अंगूर तो बहुत पास थे; लोमड़ी ने थोड़ी कोशिश की होती तो मिल ही गये होते।

ऐसा क्या है इस संसार में जो न मिल जाये? जरा-सी कोशिश की जरूरत है और मिल ही जाता है। जो तुम्हें नहीं मिल रहा है, वह तुम्हारी छलांग की कमी है और कुछ भी नहीं है। लेकिन अहंकार यह मानने को राजी नहीं होता कि मेरी छलांग छोटी है। अहंकार एक तरकीब खोजता है कि अंगूर खट्टे हैं इसलिये मैं छलांग की कोशिश ही कहां कर रहा हूं! सब असार है।

तुम्हें जीवन में बहुत से उदास लोग मिलेंगे जो कहेंगे, संसार में कोई सुख नहीं है। उसका कारण यह नहीं है कि उन्होंने संसार के फल चखे हैं। उसका कुल कारण इतना ही है, वे फलों तक भी नहीं पहुंच पाये। गरीब अकसर कहता मिलेगा, धन में क्या रखा है! पद-हीन अकसर कहता मिलेगा, पदों में क्या है! बड़े-बड़े सिकंदर आये और चले गये। लेकिन उसके भीतर गौर से झांकना, यह उसकी ईर्ष्या का परिणाम है। यह कोई अनुभव नहीं है।

ईर्ष्या जहां नहीं पहुंच पाती है, वहां कहती है, अंगूर खट्टे हैं।

यह युवक दुख से संन्यस्त हुआ। इसकी फकीरी सच्ची नहीं है। इसकी फकीरी अनुभव-प्रेरित नहीं है। इसकी फकीरी एक रोग से आई है। यह परमात्मा में उत्सुक नहीं है। यह प्रेयसी में अनुत्सुक हो गया क्योंकि वह मर गई। यह प्रेयसी से दूर जा रहा है—मर गई प्रेयसी से; परमात्मा के पास नहीं जा रहा है। और इसमें बड़ा फर्क है।

तुम संसार से भाग रहे हो, या परमात्मा की तरफ भाग रहे हो, ये दोनों भिन्न बातें हैं। अगर तुम संसार से भाग रहे हो, तुम परमात्मा तक कभी न पहुंचोगे। क्योंकि तुम्हारा ध्यान अभी भी संसार में लगा है। लेकिन तुम परमात्मा की तरफ भाग रहे हो, तब बात बिलकुल अलग है। संसार से तुम्हारा कोई प्रयोजन नहीं है। तुम कोई पलायनवादी नहीं हो। तुम खोजी हो।

यह युवक पलायनवादी था। और जो प्रेम पलायन बन जाये वह वास्तविक नहीं था। लेकिन एक स्थिति में ही इसका उदघाटन हो सकता है।

तीसरा युवक वहीं रुक गया। प्रेयसी मरी, कुछ भी न बचा, परमात्मा भी न बचा। प्रेयसी के अतिरिक्त कोई भी न था। संसार तो खो ही गया, परमात्मा भी न बचा, जिसकी खोज करनी हो। जैसे प्रेयसी ही परमतत्व थी। इसका राग, विराग नहीं बना। इसका राग शीर्षासन करके खड़ा नहीं हुआ। न यह उदास हुआ, न यह दुखी हुआ। कब्र ही इसका घर हो गया। प्रेयसी का जीवन, जीवन था। प्रेयसी की मृत्यु, मृत्यु हो गई। इसने प्रेयसी को

उसके जीवन में ही नहीं चाहा था; प्रेयसी को चाहा था जीवित या मृत। यह चाह पूरी थी। इस चाह में कोई शर्त न थी। इस चाह में ऐसा भाव न था कि जब तक तुम जीवित हो, तब तक। तुम्हारा होना चाहे शरीर में हो, चाहे शरीर के बाहर हो, रूप रहे कि खो जाये; आकार बचे कि मिट जाये।

इस युवक को कहीं जाने को कोई जगह न बची। कब्र ही इसका घर हो गया। यह कब्र को ही प्रेम करने लगा। यह उत्तीर्ण हुआ। स्थिति इसको मिटा न पाई। मृत्यु से कोई फर्क न पड़ा।

इसे थोड़ा समझ लें। जिन-जिन चीजों में मृत्यु से फर्क पड़ जाये, वह प्रेम नहीं है। जिस-जिस को मृत्यु छीन ले, मिटा दे, वह सब पार्थिव है। और प्रेम तो अपार्थिव है।

सूफी कहते हैं कि प्रेम को मृत्यु नहीं मार सकती। बस एक चीज को मृत्यु नहीं मार सकती, वह प्रेम है। इसलिये वे कहते हैं, प्रेम परमात्मा तक ले जायेगा। धन नहीं ले जायेगा, क्योंकि मृत्यु धन को छीन लेगी। बुद्धि नहीं ले जायेगी, क्योंकि बुद्धि मृत्यु के इसी तरफ पड़ी रह जायेगी। पद-सम्मान नहीं ले जायेगा, क्योंकि मृत्यु सबको पोंछ डालती है। सिर्फ प्रेम ले जायेगा, क्योंकि प्रेम को मृत्यु नहीं पोंछ सकती।

प्रेम मृत्यु से बड़ा है। प्रेम अमृत है।

यह युवक प्रेमी था—उस अर्थ में, जिसको सूफी प्रेमी कहते हैं। इसका प्रेम अनन्य था। इसका प्रेम बेशर्त था, अनकंडीशनल था। तुम्हारा प्रेम...आज पत्नी सुंदर है, आज प्रेयसी के पास रूप है तो तुम्हारा प्रेम है। कल प्रेयसी बूढ़ी हो जायेगी, तुम्हारा प्रेम खो जायेगा। मृत्यु तो बहुत दूर है, बुढ़ापा भी दूर है। कल प्रेयसी बीमार पड़ जाये, अपंग हो जाये, कुरूप हो जाये, लंगड़ी हो जाये, अंधी हो जाये, प्रेम खो जायेगा।

मैंने सुना है, एक नवविवाहित जोड़ा हनीमून पर था। दूसरे या तीसरे दिन पत्नी ने पूछा कि तुम मुझे सदा ही प्रेम करोगे? अगर मैं कुरूप हो जाऊं तब भी? बूढ़ी हो जाऊं तब भी? यह रूप, यह सौंदर्य न रह जाये, तब भी? उस युवक ने कहा कि देख, मैंने कसम खाई है, सुख-दुख में साथ देने की, मगर इसकी तो कोई चर्चा ही चर्च में न उठी थी। पादरी ने कहा था, 'सुख-दुख में साथ देना।' सुख-दुख में साथ दूंगा, बाकी यह बात मत उठाना। इसकी तो कोई चर्चा ही नहीं उठी थी।

थोड़ा मन में सोचना, कि जिसे तुम प्रेम करते हो, उसे कुरूप अवस्था में भी प्रेम कर पाओगे? तुम्हारे भीतर सोचकर ही डावांडोल होने लगेगा भाव। नहीं, यह संभव नहीं हो सकता। क्योंकि प्रेम तुमने आकृति को किया है, शरीर को किया है; प्रेम तुमने व्यक्ति को तो किया ही नहीं। जब आकार बदल जायेगा तो जिसे तुमने प्रेम किया था वह बचा ही नहीं। यह दूसरा ही व्यक्ति है।

युवक रुक गया। कब्र उसका घर हो गई। यह बड़ी मीठी बात है। मृत्यु उसका आवास बन गया। प्रेयसी खोई नहीं। जैसे प्रेयसी कहीं गई नहीं। जैसे विवाह हो ही गया। सिर्फ शरीर न रहा, लेकिन अशरीरी प्रेयसी—प्रेम बरकरार रहा, उसकी धारा बहती रही।

जो फकीर हो गया था, वह एक दिन एक तांत्रिक को मिल गया। और अकसर जो फकीर हो जाते हैं, वे किसी न किसी दिन तांत्रिक को मिल जाते हैं।

तांत्रिक से मतलब है, ऐसा व्यक्ति जो सत्य की खोज में नहीं, शक्ति की खोज में है।

इसलिये जो लोग भी संन्यास लेते हैं, उन्हें सावधान रहना चाहिए, कि ऐसे व्यक्ति से मिलना न हो जाये, जो शक्ति की खोज में है। क्योंकि अहंकार हर मौका खोजता है खड़े हो जाने का।

देखा कि उस तांत्रिक को क्रोध आ गया बेटे पर; उसने उसको उठाकर जलती आग में फेंक दिया। चीख उठा यह युवक। उसने कहा कि ऐसा दुख तो मैंने कभी नहीं देखा। ऐसा भयंकर हत्यारा मैंने नहीं देखा। यह कसूर भी कुछ न था, बच्चा जरा रोता था; उसमें मार डालने की क्या जरूरत थी? वह तांत्रिक हंसा, उसने मंत्र पढ़ा और बच्चा हंसता हुआ वापिस आ गया।

सभी मंत्र आकार से संबंधित हैं, निराकार से नहीं। इसलिये मंत्र की सिद्धि हो तो आकार खो भी सकता है; आकार बन भी सकता है। पर आकार का मतलब है, संसार। आकार का मतलब है, खेल की दुनिया, माया।

युवक भागा, जैसे ही मंत्र उसने सुना। मंत्र कंठस्थ किया। प्रेयसी फिर याद आ गई। संबंध जीवन का था, मरण का नहीं था। फिर विराग, राग बन गया। जो राग विराग बन सकता है, वह किसी भी दिन पुनः राग बन सकता है। क्योंकि तुम सिर्फ शीर्षासन कर रहे हो। तुममें कोई फर्क नहीं पड़ा। पहले तुम पैर के बल खड़े थे, अब तुम सिर के बल खड़े हो। जैसे ही मंत्र देखा, यह बच्चे का लौटना देखा आग से—भागा! फकीरी गई। वह फकीरी कोई वास्तविक न थी। वह केवल खिन्नता से पैदा हुई थी। संसार के दुख से आदमी संन्यासी हुआ था।

कोई मिल जाये, जो कह दे संसार में दुख नहीं है; और कोई एक सीढ़ी दे दे कि सीढ़ी ले जाओ, अंगूरों तक पहुंच जाओगे। फिर यह भूल जायेगा कि मैं कह रहा था कि अंगूर खट्टे हैं। इसने चखे तो कभी थे नहीं। बिना चखे लौट आया था। अपने को समझा रहा था। मंत्र क्या मिला, सीढ़ी मिल गई। भागा वृक्ष की तरफ, जहां अंगूर खट्टे थे और छोड़ आया था। प्रेयसी फिर अर्थपूर्ण हो गई। वासना फिर हरी हो गई। लहलहा उठा। सब फकीरी धुल गई एक क्षण में। आकर मंत्र पढ़ा, प्रेयसी जीवित हो उठी।

सूफी इस कहानी को गढ़े हैं सिर्फ यह कहने के लिए, कि मृत्यु की परिस्थिति ने प्रेम की जांच का मौका दिया।

युवती ने कहा कि तीनों भले हैं। पहले में करुणा है, दया है, सभ्यता है, शिष्टता है, लेकिन वह पुत्र होने योग्य है; पति होने योग्य नहीं।

थोड़ा समझने की बात है। पिता पुत्र को प्रेम करता है; लेकिन पुत्र सदा कर्तव्य निभाता है, क्योंकि प्रेम की धारा उलटी नहीं बहती, आगे की तरफ बहती है।

एक घर में मैं मेहमान था और ऐसा मुझे बहुत घरों में अनुभव हुआ है; क्योंकि सभी जगह रोग एक है, बीमारी एक है, तकलीफ एक है। घर के बूढ़े गृहपति ने मुझे कहा कि हमने इतना प्रेम किया इन लड़कों को, हमारी तरफ कोई देखता भी नहीं। मैंने उनसे पूछा कि अगर ये तुम्हारी तरफ देखें, तो इनके लड़कों की तरफ कौन देखेगा? और फिर मैं तुमसे यह भी पूछता हूं तुमने अपने लड़कों को प्रेम किया, तुमने अपने बाप को प्रेम किया था? जो तुमने किया, वही ये कर रहे हैं। तुम्हारे बाप भी यही शिकायत करते हुए मरे होंगे। वह

आदमी बोला आपको कैसे पता चला? पता चलने की कोई बात ही नहीं, सीधा गणित है।

प्रेम आगे की तरफ जा रहा है। क्योंकि यह जिसको हम प्रेम कहते हैं, केवल बायोलाजिकल है। यह केवल जीवशास्त्रीय है। और जीवन आगे की तरफ जा रहा है। बाप को तो बचना नहीं है, बेटों को बचना है। जीवन की फिक्र बूढ़ों को बचाने की नहीं, बच्चों को बचाने की है। तब बाप की तरफ प्रेम डालना तो फिजूल है; सूखे हुए वृक्ष पर पानी डालना है। वह सूख ही रहा है। वह जो नया अंकुरित हो रहा है, पानी वहां जायेगा। और जीवन बड़ा इकानामिकल है। प्रकृति बड़ी इकानामिकल है, बड़ी अर्थशास्त्रीय है। न्यूनतम शक्ति से अधिकतम काम लेना है, और फिजूल कुछ नहीं जाने देना है।

तो बाप का बेटे की तरफ प्रेम होता है; बेटे का बाप की तरफ कर्तव्य होता है। वह कर्तव्य निभा ले, उतना काफी है। उतना भी काफी है। प्रेम तो हो नहीं सकता। दुश्मनी न हो, यह भी बहुत है। घृणा न हो, यह भी बहुत है।

फ्रायड तो कहता है कि बेटों के मन में घृणा होती है बाप के प्रति। लड़कियां मां को घृणा करती हैं। इसमें सचाइयां हैं। क्योंकि जिनके साथ हम बड़े होते हैं, जो हमें बड़ा करता है, जीवन कुछ ऐसा है, कि अनेक बार उनके कारण हमारे अहंकार को चोट लगती है। पहली तो इसलिये चोट लगती है कि वे ताकतवर होते हैं, हम कमजोर होते हैं।

बच्चा आपके घर में पैदा हुआ, वह कमजोर है, आप ताकतवर हैं। फिर उसको चलाने में, बड़ा करने में, हर तरह से व्यवस्था देने में, आपको न मालूम कितनी आज्ञायें देनी पड़ती हैं। कठोर होना पड़ता है। हर बार उसे चोट लगती है। वे सब चोटें इकट्ठी होती जाती हैं। वह चोटों का जो अंबार है, वह घृणा बन जाता है। इतना भी काफी है कि बेटा कर्तव्यवश बाप की सेवा करे। प्रेम की तो असंभावना है। प्रेम तो ऐसा होगा कि जैसे कि गंगा गंगोत्री की तरफ बहे—यह तो नहीं हो सकता—नीचे की तरफ, सागर की तरफ बहेगी!

तो उस युवती ने कहा कि यह बेटा पुत्र होने योग्य है। जैसा पुत्र होना चाहिए वैसा है, लेकिन पति होने योग्य नहीं। क्योंकि पति होकर यह कर्तव्य निभायेगा, दया करेगा, सेवा करेगा। एकदम अच्छा है। सब सुव्यवस्था दे देगा, लेकिन प्रेम की जो ऊंचाई है, जो तरंग है, जो समाधि है, वह इससे मिलने वाली नहीं है। दुख में साथी होगा, लेकिन यह सुख का साथी नहीं हो सकता।

और प्रेम है सुख का साथ। प्रेम है, दो उत्सव जहां मिलते हैं, जहां दो जीवन तरंगें अपनी आखिरी उछाल में मिलती हैं, वह शिखर का मिलन है।

यह कर्तव्य का मिलन समतल भूमि पर है। दुख होगा तो यह काम का है, सुख में यह किसी काम का नहीं है। इससे प्रेम नहीं हो सकता। इससे नाता-रिश्ता हो सकता है कर्तव्य का—समतल भूमि पर चलेगा; होशियार है। भाव इसका अच्छा है; काफी नहीं है।

दूसरा युवक, जिसने प्रेयसी को उठाया—कोई भी साधारणतः सोचेगा कि चुनना था उसे, जिसने फिर से जीवन दिया। पर युवती ने कहा, यह पिता जैसा है, क्योंकि जन्म दिया। इसकी उत्सुकता मुझमें कम है, जीवन में ज्यादा है। मृत्यु थी तो यह हट गया था, जीवन है तो यह आ गया। जन्म देने में इसका रस है। और इसने मुझे जन्म दिया, मेरे पिता जैसा है। लेकिन पति नहीं हो सकता।

पति तो यह तीसरा युवक है। न तो इसे कर्तव्य का कोई भाव है, न इसे दया का कोई भाव है, न नीति-आचरण का कोई हिसाब है। इसमें प्रेम का पागलपन है। इसे पता ही नहीं चला कि जैसे मेरे मरने और जीने में कोई फर्क है। इसका प्रेम मौत से ज्यादा गहरा है। कब्र इसका घर हो गई। जैसे यह मेरे साथ ही था। मृत्यु से कोई रत्ती भर भेद न पड़ा। जिस प्रेम में मृत्यु से भेद पड़ जाये, वह प्रेम नहीं है।

अगर मुझे पिता चुनना हो तो इस युवक को चुनूंगी, जो मंत्र लाया; जिसने इतनी मेहनत की, मुझे जिलाया। लेकिन इसका प्रेम जीवन से बंधा है। यह सुख का साथी हो सकता है, दुख का साथी नहीं हो सकता। जीवन में साथ चल सकता है, मृत्यु में साथ नहीं चल सकता। यह मृत्यु में अकेला छोड़ देगा। और जो मृत्यु में साथ जाने को राजी न हो, उसके जीवन का साथ एक औपचारिकता है। अभी राग, अभी विराग; फिर विराग हो सकता है। इसकी बदलाहट हो सकती है।

प्रेम इतना चंचल नहीं है। प्रेम एक थिर भाव है; एक समाधिस्थ दशा है, जहां कोई कंपन नहीं होता।

ये तीसरे युवक को चुनती हूं मैं। मृत्यु परीक्षा बन गई।

अर्थ क्या है? अर्थ यह है कि परमात्मा की भक्ति में परमात्मा केवल उसी को वरण करेगा, जो बेशर्त हो। परमात्मा के मंदिर में तीनों तरह के लोग पूजा करने जा रहे हैं। एक तो वे लोग हैं, जो परमात्मा के मंदिर में कर्तव्यवश पूजा करने जा रहे हैं। क्योंकि सदा जैसा होता रहा है...

मैंने सुना है कि एक सुबह-सुबह एक आदमी अभी दुकान के दरवाजे भी नहीं खुले थे, और अपने लड़के को बुला रहा था कि उठ गये या नहीं?

तो लड़के ने कहा, 'उठ गया हूं।'

तो कहा, 'आटे में रद्दी आटा मिला दिया या नहीं?'

तो उसने कहा, 'मिला दिया पिता जी।'

'और मिर्चों में लाल कंकड़ डाल दिये या नहीं?'

उसने कहा, 'डाल दिये पिता जी।'

'और गुड़ में गोबर मिलाया या नहीं?'

उसने कहा, 'डाल दिया पिता जी। सब कर दिया, सब हो गया है जी।'

तो उसने कहा, 'चल, फिर मंदिर हो आयें।'

यह मंदिर है? यह जिंदगी है? वहां गोबर गुड़ में मिलाया जा रहा है। और जब सब काम निपट गया तो मंदिर हो आयें। वह एक कर्तव्य है। एक रविवारीय धर्म है, कि रविवार को सुबह चर्च हो आयें। वह एक सामाजिक उपचार है; एक शिष्टाचार है। एक नियम, जिसको पूरा करना उचित है। और जिसके लाभ हैं; जिसकी सामाजिक प्रतिष्ठा है, उपयोगिता है। एक तो वह भी मंदिर जा रहा है, लेकिन उसकी प्रार्थना कभी परमात्मा तक नहीं पहुंच पायेगी क्योंकि उसने कभी प्रार्थना की ही नहीं है।

एक वह भी वहां जा रहा है, जो संसार से परेशान हो गया है, जो दुखी हो गया है; जो जीवन का अनुभव नहीं ले पाया। इतना समर्थ नहीं पाया अपने को, साहस नहीं जुटा पाया।

जीवन से वंचित हो गया है, या वंचित रह गया है। वह भी आ रहा है थका-हारा। उस थके-हारे की प्रार्थना भी नहीं सुनी जा सकेगी। क्योंकि जो संसार को भी अनुभव करने में समर्थ नहीं है वह सत्य को अनुभव करने में कैसे समर्थ हो पायेगा? जो सपने में भी पूरा नहीं उतर सकता, वह सत्य में कैसे पूरा उतरेगा? जो व्यर्थ को नहीं समझ पाता, वह सार्थक को नहीं समझ पायेगा। वह तो और बड़ी छलांग है।

ऐसा आदमी निरंतर ईश्वर से कहता है कि तू तो मुझे स्वीकार है, तेरा संसार स्वीकार नहीं। यह स्वीकृति अधूरी है, क्योंकि अगर ईश्वर मुझे स्वीकार है तो सब मुझे स्वीकार है; क्योंकि सभी उसका है।

स्वीकृति पूरी ही हो सकती है; तब उसका संसार भी स्वीकृत है। वह मुझे नर्क में भी डाल दे तो वह भी मुझे स्वीकृत है। नर्क में भी डाले जाने पर भक्त के हृदय से धन्यवाद ही निकलेगा कि धन्यवाद! तूने मुझे नर्क दिया। स्वर्ग की आकांक्षा से ही धन्यवाद निकलता हो, तब हमारा चुनाव है। तब हम सुख में तो कहेंगे धन्यवाद और दुख में शिकायत करेंगे।

जिस हृदय से शिकायत उठती है, उसकी प्रार्थना नहीं सुनी जा सकती। उसकी प्रार्थना खुशामद है। उसकी प्रार्थना के पीछे शिकायत छिपी है।

ना, वह भक्त नहीं है। उसकी श्रद्धा पूरी नहीं है। वैसा ही आदमी मंदिर में प्रार्थना कर रहा है। उसे वापिस जाना होगा। उसे संसार में भटकना होगा। अभी यात्रा अधूरी है। अभी उसे और-और जन्म लेने होंगे। उसे जानना ही होगा कि अंगूर खट्टे हैं—अपने अनुभव से—या मीठे हैं। सिर्फ सांत्वना के लिए इस तरह की बातें काम नहीं करेंगी। उसे संसार के अनुभव से गुजरकर परिपक्व होना पड़ेगा। जैसे पके फल वृक्षों से गिरते हैं, ऐसा ही पका अनुभव प्रार्थना बनता है; उसके पहले नहीं।

और तीसरा वह प्रेमी भी मंदिर आ रहा है, जिसका ज़ीवन भी वहीं है, जिसकी मृत्यु भी वहीं है। मंदिर ही उसका घर है। वह बाहर भी जाता है, तो मंदिर से बाहर नहीं जा पाता। मंदिर उसके साथ ही चल रहा है। मंदिर उसके जीवन की धारा है; उसकी श्वास-श्वास का स्वर है। और कुछ भी हों, जीवन हो या मृत्यु हो, उसने मंदिर को चुना है। वह चुनाव पूरा है। वह छोड़ेगा नहीं। वह चुनाव बेशर्त है।

मैंने सुना है, एक सूफी फकीर जुन्नैद को किसी ने कहा कि तू प्रार्थना किए ही चला जाता है, पहले यह पक्का तो कर ले कि परमात्मा है या नहीं? क्योंकि बहुंत लोग संदिग्ध हैं। जुन्नैद ने कहा, 'परमात्मा से क्या मतलब! मुझे मतलब प्रार्थना से है।' परमात्मा न भी हो यह पक्का भी हो जाये तो जुन्नैद की प्रार्थना चलेगी।

'मुझे मतलब प्रार्थना से है।' और जुन्नैद ने कहा, 'मैं तुझसे कहता हूं, अगर मेरी प्रार्थना सही है तो परमात्मा को होना पड़ेगा। मैं इसलिये प्रार्थना नहीं कर रहा हूं कि परमात्मा है। मेरी प्रार्थना जिस दिन सच होगी, उस दिन परमात्मा होगा।'

परमात्मा के कारण प्रार्थना नहीं चलती सच्चे भक्त की, प्रार्थना के कारण परमात्मा पैदा होता है। प्रेम, प्रेमपात्र को निर्मित करता है। प्रेम सृजनात्मक है। इस जगत में प्रेम से बड़ी कोई सृजनात्मक शक्ति नहीं है। इसलिये प्रेम मृत्यु को तो स्वीकार कर ही नहीं सकता; वह घटती ही नहीं।

अगर तुम प्रेम करते हो किसी को, तो वह मरेगा नहीं; मर नहीं सकता। प्रेमी कभी नहीं मरता। प्रेमी मृत्यु को जानता ही नहीं। प्रेम अमृत है।

और सूफी कहते हैं, प्रेम द्वार है।

यह कथा प्रार्थना की कथा है। इसे साधारण प्रेम की कथा मत समझ लेना। सूफी कहते हैं, दो तरह के प्रेम हैं। एक प्रेम लौकिक, एक प्रेम अलौकिक। यह अलौकिक प्रेम की तरफ इशारा है। इसलिये दो प्रेमी, जो किसी तरह लौकिक थे, वंचित रह गये। उनमें एक ही अलौकिक था। क्योंकि अलौकिक की पहचान यही है कि मृत्यु के पार भी अलौकिक प्रेम चलता रहेगा। उसका कोई अंत नहीं है।

आज इतना ही।

मूल पुस्तक 'बिन बाती बिन तेल' का छठवां प्रवचन

दूसरा प्रवचन

मनुष्य की जड़ : परमात्मा

भगवान!
किसी आदमी ने एक दिन एक पेड़ को काट लिया।
एक सूफी फकीर ने, जो यह सब देख रहे थे, कहा,
'इस ताजा डाल को तो देखो!
वह रस से भरा है और खुश है।
क्योंकि वह अभी नहीं जानता है कि काट डाला गया है।
हो सकता है यह इस भारी घाव से अनजान हो,
जो अभी-अभी इसे लगा है।
लेकिन थोड़े ही समय में वह जान जायेगा।
इस बीच तुम इसके साथ तर्क भी नहीं कर सकते।'

ऐसी ही दशा मनुष्य की है। उसे पता भी नहीं कि उसकी जड़ें टूट गई हैं। उसे पता भी नहीं कि परमात्मा से उसका संबंध विच्छिन्न हो गया। उसे पता भी नहीं कि जीवन के स्रोत से उसकी सरिता अलग हो गई है। जल्दी ही सब सूख जायेगा। लेकिन अभी सूखने में देर है। और जब तक वह पूरा ही न सूख जाये, तब तक तर्क से उसे समझाने का कोई उपाय नहीं।

यह सूफी फकीर ठीक कह रहा है। किसी ने वृक्ष को काट गिराया है। वृक्ष कट गया है, लेकिन अभी हरा है। अभी भी फूल खिले हैं; मुरझाने में समय लगेगा। उसे पता नहीं कि जड़ों से संबंध टूट गया है। उसे पता नहीं कि अब जमीन से कोई नाता न रहा। कोई उपाय भी तो नहीं है उसे समझाने का। और जब समझाने का उपाय होगा तब समझाने का कोई अर्थ न रह जायेगा। जब वह सूख ही जायेगा तभी उसकी बुद्धि को समझ में आयेगा। लेकिन जब सूख ही गये तो कुछ करने को नहीं बचता।

आदमी तभी समझ पाता है, जब करने को समय ही नहीं रह जाता। अकसर लोग मरने के समय समझ पाते हैं कि जीवन व्यर्थ गया। इसके पहले उन्हें समझाने की कितनी ही कोशिश करो, उनकी समझ में नहीं आता। क्योंकि क्षुद्र में ही वे सार देखते रहते हैं। और उन्हें यह भी भरोसा नहीं आता कि मौत आने वाली है। क्योंकि बुद्धि कहे जाती है—और दूसरे मरते होंगे, तुम तो कभी पहले मरे नहीं! और जो कभी नहीं हुआ, वह क्यों होगा? और जीवन को भरोसा नहीं आता कि मैं मृत्यु कैसे बन सकता हूं। प्रकाश माने भी तो कैसे माने कि मैं अंधकार हो जाऊंगा! अमृत को समझायें भी तो कैसे समझायें कि तू भी जहर हो सकता है!

आप जब भी किसी को मरते हुए देखते हैं तो ऐसा लगता है, कोई दुर्घटना हो गई। जैसे

कोई दुर्घटना हो गई; न कि कोई जीवन का सत्य! मृत्यु ऐसी लगती है, जैसे होनी न थी और हो गई। लगनी तो ऐसी चाहिए कि आश्चर्य तो यही है कि इतनी देर क्यों न हुई!

जिस दिन जन्मे, उसी दिन जड़ें टूट गईं। जिस दिन जन्मे, उसी दिन पृथ्वी से नाता विच्छिन्न हो गया। जिस दिन जन्मे, उसी दिन परमात्मा से दूर जाने की यात्रा शुरू हो गई। उसी दिन हम पृथक हो गये। पृथकता का अर्थ समझ लेना चाहिए।

बच्चा जब पैदा होता है, एक क्षण पहले मां का अंग था। अंग कहना भी ठीक नहीं क्योंकि उसे यह भी पता नहीं था कि मैं अंग हूं। वह मां के साथ एक था। यह भी हम सोचकर कहते हैं, उसे यह भी पता नहीं था कि मैं एक हूं। क्योंकि एक होने का भी पता तब ही चलता है, जब हम दो हो गये हों। दो हुए बिना एक का भी तो खयाल नहीं आता। बच्चा सिर्फ था। होना परिपूर्ण था। उस होने में कोई भी द्वैत नहीं था। फिर बच्चा पैदा हुआ, मां से विच्छिन्न हुआ, जड़ें टूटीं, जैसे किसी ने पौधा काट डाला।

जिसको हम जन्म कहते हैं, वह मां से दूर हटने की प्रक्रिया है। और फिर जिसको हम जीवन कहते हैं, वह रोज-रोज दूर हटते जाने का नाम है। पहले बच्चा मां के पेट से अलग होता है। लेकिन तब भी मां के स्तनों से उसका संबंध जुड़ा रहता है। फिर वह संबंध भी टूट जायेगा। फिर भी वह मां के आसपास घूमता रहेगा। लेकिन जल्दी ही वह संबंध भी टूट जायेगा। फिर भी मां से एक नाता बना रहेगा। क्योंकि वही स्त्री सर्वाधिक महत्वपूर्ण होगी। फिर वह नाता भी टूट जायेगा। वह किसी प्रेम में पड़ेगा; कोई स्त्री, और स्त्री महत्वपूर्ण हो जायेगी। तब मां की तरफ पूरी पीठ हो जायेगी।

ऐसे वह दूर जा रहा है। और जितना दूर जायेगा उतना अहंकार मजबूत होगा। क्योंकि जितना मां के पास था, उतना निरअहंकार भाव था। जब मां के गर्भ में था, एक था, तो कोई अहंकार न था।

पश्चिम के मनोवैज्ञानिक कहते हैं कि मां से दूर होने में ही व्यक्तित्व का निर्माण है। व्यक्तित्व का अर्थ है, अहंकार। व्यक्तित्व का अर्थ है, कि मैं अलग हूं, पृथक हूं, भिन्न हूं, विशिष्ट हूं, व्यक्ति हूं। यह सब जो चारों तरफ दिखाई पड़ रहा है, इसके साथ मैं एक नहीं हूं, अलग हूं। यह अलग होने की भावना अस्मिता है। यह अहंकार मरेगा। थोड़ी देर डाल हरी रहेगी कट करके। वह थोड़ी देर चाहे सत्तर साल क्यों न हों! वह थोड़ी ही देर है। सत्तर साल का क्या मूल्य है इस अस्तित्व में?

वैज्ञानिक कहते हैं, इस पृथ्वी को बने कोई चार अरब वर्ष हुए। लेकिन पृथ्वी बड़ा ही नया ग्रह है। इससे पुराने ग्रह हैं। सत्तर वर्ष का क्या अर्थ है? इस विराट के फैलाव में सत्तर वर्ष क्षण से भी तो ज्यादा नहीं!

टूट गई डाल वृक्ष से, कुछ घड़ी हरी रहेगी, कुछ घड़ी फूल खिले रहेंगे। यह भी हो सकता है कि जो कली खिल रही थी वह अभी और खिलती चली जाये। क्योंकि अभी भी रस दौड़ रहा है। अभी भी वृक्ष भीतर हरा है। यह स्रोत नया बंद हुआ, लेकिन पुराना जितना रस दौड़ गया था वह तो अपनी यात्रा पूरी करेगा। पुराना मोमेन्टम कायम है। अभी घड़ी कुछ देर टिक-टिक करेगी, हृदय धड़केगा। लेकिन जो जानते हैं वे कहते हैं, जन्म का दिन ही मृत्यु का दिन है। उसी दिन मौत घट गई। तुम्हें खबर सत्तर साल बाद पता चलेगी। कुल्हाड़ी

से काट दिया वृक्ष को, उस वृक्ष को पता चलने में घड़ी दो घड़ी, दिन दो दिन लग जायेंगे। लेकिन तब तक उसे समझाने का भी उपाय नहीं।

अगर मैं तुमसे अभी कहूं कि तुम मर गये हो, तुम मेरी मानोगे नहीं; तुम हंसोगे। तुम कहोगे कि अभी हम भलीभांति जिंदा है, यह क्या पागलपन की बात है! लेकिन तुम मर गये उसी दिन, जिस दिन जन्म हुआ। उसी दिन कट गये। उसी दिन अस्तित्व से तुम्हारा नाता टूट गया।

धर्म की सारी खोज इस अनुभव से शुरू होती है कि मैं कट गया हूं, जुड़ कैसे जाऊं? जड़ें उखड़ गई हैं, फिर से मेरी जड़ें कैसे फैल जायें? अस्तित्व से अलग हो गया हूं, फिर से एक कैसे हो जाऊं?

इस एकता की खोज ही धर्म है।

और भिन्नता की खोज संसार है। कैसे और अलग हो जाऊं, कैसे और भिन्न हो जाऊं, इसकी तलाश सांसारिक है।

संसार में हम करते ही यही हैं। अगर तुम्हारे पास धन कम है, तो तुम बहुत ज्यादा अलग नहीं हो सकते। तुम्हारे पास धन ज्यादा है, तो तुम ज्यादा अलग हो सकते हो। जिसके पास बहुत धन है, उसे समाज में जाने की जरूरत भी नहीं रह जाती। उसे लोगों के सामने झुकने का सवाल ही नहीं रह जाता। सम्राट एक शिखर पर रहने लगता है, जहां कोई भी पहुंच नहीं सकता; जहां वह अकेला है। एक भिखमंगा अकेला नहीं हो सकता। उसको भीख मांगने दूसरों के पास जाना ही पड़ेगा। उसे निर्भर रहना पड़ेगा दूसरों पर। उसका अहंकार बहुत मजबूत नहीं हो सकता। एक सम्राट अहंकार से भर सकता है कि मैं बिलकुल पृथक हूं, और पूर्ण स्वतंत्र हूं, और किसी पर...मेरी कोई परतंत्रता, कोई निर्भरता नहीं है।

बड़े पदों की लोग तलाश करते हैं। क्योंकि बड़ा पद शिखर की भांति है। तो जैसे पिरामिड होता है—नीचे बहुत चौड़ा, और ऊपर संकरा होता चला जाता है। आखिर में राष्ट्रपति, सम्राट, प्रधानमंत्री बचते हैं। नीचे जनता का बड़ा विस्तार है। उस भीड़ में अगर तुम खड़े हो, तुम अकेले नहीं हो। इसलिए हर एक कोशिश कर रहा है कि पिरामिड के शिखर पर कैसे पहुंच जाये! जहां वह बिलकुल अकेला होगा, सबके कंधों पर होगा और उसके कंधे पर कोई नहीं। पद की खोज अगर बहुत गहरे में देखो, तो अहंकार स्वतंत्रता की खोज कर रहा है : कैसे मैं अकेला हो जाऊं! कैसे मैं किसी पर निर्भर न रहूं, मुझ पर सब निर्भर हों। मैं किसी पर निर्भर न रहूं। तभी तो मैं कह सकूंगा, मैं हूं—अप्रतिम, अद्वितीय और सबसे ऊपर! और मेरे ऊपर कोई और नहीं।

धर्म की तलाश बिलकुल विपरीत है। धर्म की तलाश, अहंकार विसर्जन की तलाश है। कैसे मुझे पता चले कि मैं हूं ही नहीं। कैसे मैं मिटूं। जैसे बूंद सागर में खो जाती है, जैसे बर्फ पिघलता है और पानी होकर सरिता के साथ एक हो जाता है, ऐसे कैसे मेरा अहंकार पिघले और एक हो जाये! अहंकार बर्फ की तरह है, जमा हुआ। जमा है इसलिए सीमा मालूम होती है। पिघल जाये, सीमा खो जाती है। और अगर वाष्पीभूत हो जाये तो आकाश के साथ एक हो जाता है। सभी सीमायें खो जाती हैं।

तो तीन स्थितियां हैं मनुष्य के अस्तित्व की। एक है बर्फ की भांति जमा हुआ—फ्रोजेन;

तब सीमा है। और सीमा साफ है। फिर दूसरी अवस्था है जल की भांति—पिघला; सीमा तरल हो गई। सीमा अभी भी है लेकिन उतनी साफ न रही, धुंधली हो गई। दूसरे से मिलना शुरू हो गया। और फिर एक तीसरी अवस्था है वाष्पीभूत—भाप की भांति। थोड़ी देर तो भाप में भी सीमा लगती है, लेकिन जल्दी ही सीमा खो जाती है और भाप आकाश के साथ एक हो जाती है।

धार्मिक व्यक्ति है वाष्पीभूत, अधार्मिक व्यक्ति है बर्फ की भांति।

और तुम्हारी आकांक्षा क्या है? क्या तुम चाहते हो कि तुम्हारी सीमा हो साफ? तुम दूसरों से पृथक और भिन्न, अलग मालूम पड़ो? तो तुम जो भी खोज रहे हो, उस खोज से दुख ही निकलेगा। और उस खोज से मौत आयेगी। लेकिन तुम्हें समझाना मुश्किल है कि तुम मर गये हो। तुम्हारी बुद्धि तो यही कहती है, दूसरे मरते हैं सदा। तुमने दूसरों को मरते देखा है, खुद को मरते तुमने कभी देखा भी नहीं, देख भी न सकोगे। क्योंकि खुद को मरते देखने का कोई भी तो उपाय नहीं है। तुम जब भी देखोगे, अपने को जिंदा देखोगे। तुम्हारा अनुभव यही है। और बुद्धि तुम्हारे अनुभव से चलती है। इसलिए बुद्धि का तर्क ठीक है, कि कौन कहता है जड़ें टूट गई हैं! और कौन कहता है कि हम कट गये हैं? हम हैं, भलीभांति हैं। अभी सत्तर वर्ष लगेंगे तुम्हें सूखने में। समझोगे तुम भी, लेकिन जब समझोगे तब कुछ करने को न बचेगा।

मृत्यु के क्षण में अकसर लोगों के जीवन में वैराग्य आ जाता है। पर तब समय नहीं बचता। सारा समय संसार में खो दिया, संन्यास के लिए कोई समय नहीं बचता। मृत्यु के क्षण में ऐसा लगता है, जो भी था स्वप्न जैसा खो गया। स्वप्न भी नहीं, बल्कि एक दुख-स्वप्न, एक 'नाइटमेयर।' क्या पाया, कुछ समझ नहीं पड़ता। हाथ खाली दिखाई पड़ते हैं। नग्न जाने की तैयारी हो रही है। और जहां जा रहे हैं, जो भी कमाया था, उपलब्धि की थी, वह कोई भी साथ न जा सकेगी। लेकिन यह उस समय समझ में आता है...पूरा जीवन दुहर जाता है आंख के सामने से।

तुमने सुना होगा—और वह घटना सही है—अगर कोई पानी में डूबकर मरे, तो उस डूबने के क्षण भर में पूरा जीवन फिल्म की भांति आंखों के सामने से गुन जाता है, उतर जाता है। फिर से दुहर जाता है पूरा जीवन, एक क्षण में! और सारा असार, जहां कुछ भी पाया नहीं, कुछ सार न निकला, जैसे रेत को निचोड़ते रहे और तेल हाथ न लगा; वंहा खोजते रहे खजाना, जहां खजाना न था। उस दिशा में चलते रहे, जहां रास्ता तो बहुत लंबा था; लेकिन मंजिल कोई आती न थी। या शायद गोल वर्तुलाकार रास्ता था, जिस पर घूमते तो बहुत थे; जैसे कोल्हू का बैल घूमता है—घूमता रहता है; शायद सोचता हो, कहीं पहुंच रहे हैं...कहीं पहुंच रहे हैं। आंखों पर पट्टी बांध देते हैं कोल्हू के बैल को, ताकि उसे दिखाई न पड़े। उसे सिर्फ सामने दिखाई पड़ता है, आजू-बाजू दिखाई नहीं पड़ता। सामने सदा रास्ता मालूम पड़ता है, चलता जाता है। आजू-बाजू दिखाई पड़े तो उसे पता चल जाये कि मैं गोल-गोल घूम रहा हूं, कहीं पहुंचूंगा नहीं। व्यर्थ घूम रहा हूं।

आदमी की आंखों पर भी पट्टी है। तुम भी आजू-बाजू नहीं देख पाते। तुम भी सिर्फ सामने देखते हो। न तुम पीछे लौटकर देखते हो, न तुम आजू-बाजू देखते हो। वासना सदा

आगे देखती है। वासना पट्टी है। वासना सदा देखती है—कल। कल क्या मिलेगा? आंखें वहां लगी रहती हैं कल पर, वह आगे की तरफ तुम जा रहे हो। और तुम कभी नहीं सोचते कि कल भी तुम वही देख रहे थे, परसों भी तुम वही देख रहे थे। जब से तुम पैदा हुए, जब से तुमने सोचना शुरू किया था, तुम इसी रास्ते पर घूम रहे हो। वही कामवासना, वही क्रोध, वही लोभ, रोज-रोज वही है। नया कुछ भी नहीं है। तुम पहले भी उसी वासना में उतरे हो बहुत बार, अब भी उसमें उतरने की आकांक्षा कर रहे हो। बहुत बार क्रोध किया, वही क्रोध फिर करने की कोशिश कर रहे हो। बहुत लोभ किया, वही लोभ फिर दुहरा रहे हो।

आदमी एक पुनरुक्ति है, कोल्हू का बैल है। आगे दिखाई पड़ता है इसलिए खयाल में नहीं आता कि वर्तुलाकार घूम रहा हूं। इस वर्तुलाकार घूमने से मंजिल आयेगी नहीं, मौत ही आयेगी। बैल थकेगा, गिरेगा, मरेगा। शायद मरते क्षण में आसपास देखे, क्योंकि तब आगे देखने को कुछ भी न बचेगा। कल तो है नहीं। जब आदमी मरता है तो कल तो बचता नहीं। कल समाप्त हुआ। आज ही रह जाता है। शायद उस दिन आसपास देखे, शायद उस दिन पीछे लौटकर देखे। और तब पाये कि मैं एक ही गोल वर्तुल में सत्तर वर्ष घूमता रहा।

यह थोड़ा समझने जैसा है कि जीवन की सारी यात्रायें वर्तुलाकार हैं। चांद वर्तुल में घूम रहा है, पृथ्वी वर्तुल में घूम रही है, सूरज वर्तुल में घूम रहा है, ऋतुएं वर्तुल में घूम रही हैं, सारा जगत वर्तुल में घूम रहा है। तुम्हारा जीवन भी वर्तुल में ही घूम रहा होगा; क्योंकि यहां सारी यात्रायें वर्तुलाकार हैं। तुम्हारी यात्रा अलग नहीं हो सकती। कहां पहुंचेगा चांद घूम-घूमकर? कहीं भी नहीं पहुंचेगा, सिर्फ मरेगा। कहां पहुंचेगी पृथ्वी घूम-घूमकर? कहीं भी नहीं पहुंचेगी, सिर्फ टूटेगी और बिखरेगी। तुम भी टूटोगे और बिखरोगे। जड़ें तुम्हारी टूट ही चुकी हैं।

सूफी फकीर ठीक कहता है कि इस कटी हुई शाखा को समझाना मुश्किल है कि तू मर चुकी है; तेरी जड़ें टूट गई हैं, कि तेरा आगे अब कोई जीवन नहीं है। क्योंकि वह शाखा कहेगी, अभी मैं हरी हूं, अभी मैं जवान हूं। अभी फूल खिल रहे हैं, कलियां अभी खिलती जा रही हैं, अभी पत्ते मुरझाये भी नहीं हैं; पागलपन की बात है! तर्क डाल का कहेगा, नहीं मैं जिंदा हूं।

बुद्धि भी समझेगी, लेकिन जब समझेगी, तब समय जा चुका होगा। इसलिए बुद्धिमान वह है, जो समय के पहले समझ जाये। तुम उस डाल की भांति व्यवहार मत करना। और जब कोई फकीर तुमसे कहे कि तुम टूट गये हो तो उसकी बात पर सोचना। और जब कोई बुद्ध तुमसे कहे कि तुम मर ही चुके हो, तब जल्दी मत करना इनकार करने की, क्योंकि तुम्हारी सांस चल रही है। सांस चलने से जीवन का कोई अनिवार्य संबंध नहीं है। सांस चलती रह सकती है।

मैं एक स्त्री को देखने गया, वह नौ महीने से बेहोश है। सांस चल रही है, कोमा में पड़ी है। और डाक्टरों ने मुझे कहा कि कोई तीन साल तक यह कोमा में रह सकती है। इंजेक्शन दिए जा रहे हैं, आक्सीजन दी जा रही है, सांस चल रही है, हृदय धड़क रहा है, खून बह रहा है। शरीर सब काम कर रहा है, लेकिन वह बेहोश पड़ी है। वह कभी होश में आयेगी नहीं।

तुम्हारी सांस चल रही है, हृदय धड़क रहा है, खून बन रहा है, तुम भी तो कहीं बेहोश

नहीं हो? वह स्त्री तो साफ मालूम पड़ती है कि बेहोश पड़ी है। लेकिन क्या उस स्त्री को पता होगा कि वह बेहोश है? अगर वह एक सपना देख रही होगी, तो हो सकता है सपने में वह घर बना रही हो, विवाह कर रही हो, प्रेम कर रही हो, गृहस्थी सजा रही हो। और उसे कभी भी पता नहीं चलेगा कि सपना है यह, क्योंकि तीन साल तक उसका सपना चलता रहेगा। तुम्हें पता चल जाता है क्योंकि सुबह तुम जागोगे, रात का सपना टूट जायेगा। लेकिन क्या कभी तुमने सोचा कि सपने में तुम्हें सपना, सपने जैसा मालूम नहीं पड़ता? सपने में तो लगता है यही सत्य है। सुबह जागकर पता चलता है कि सपना था। लेकिन रात जब तुम फिर सो जाओगे, तो जिसे तुमने दिन में जागरण समझा था वह भी सपना हो जाता है। सपने की तो सुबह थोड़ी-बहुत याद भी रह जाती है, दिन की तो रात में उतनी भी याद नहीं रह जाती। सब भूल जाता है, कि तुम कौन थे।

सुना है मैंने, एक चीनी सम्राट अपने बेटे के पास बैठा था, जो मरण-शैया पर था। उसका एक ही बेटा था। वही आंखों का तारा था। उस पर ही सब निर्भर था, बड़ा साम्राज्य था। सम्राट बूढ़ा था। बुढ़ापे में यह बेटा पैदा हुआ, वह भी मरण-शैया पर था। चिकित्सकों ने कहा, बच न सकेगा। बीमारी कुछ इलाज-योग्य न थी, मृत्यु निश्चित थी। तो सम्राट जग रहा है, बैठा है। कभी भी किसी भी क्षण बेटा मर सकता है। तीन रात जगता रहा, चौथी रात सम्राट को झपकी लग गई—थका-मांदा! झपकी में उसने देखा कि वह और भी बड़ा सम्राट है। सारी पृथ्वी पर उसका राज्य है। चक्रवर्ती है। सभी उसके अंतर्गत हैं और उसके बारह जवान बेटे हैं। सुंदर, स्वस्थ, प्रतिभाशाली, एक से एक बेजोड़, एक से एक बढ़कर। वह बड़ा प्रसन्न था, वह बड़ा आनंदित था। स्वर्ण का महल है, सभी कुछ है। दुख की कोई खबर नहीं। जरा-सा भी कांटा नहीं है उसके जीवन-रास्ते पर।

तभी बेटा, जो सामने सोया था, मर गया। पत्नी छाती पीटकर रोई, चीखी। सम्राट की आंख खुली। सम्राट जोर से खिल-खिलाकर हंसने लगा। पत्नी समझी कि शायद विक्षिप्तता आ गई है बेटे की मौत देखकर।

उसने कहा, 'यह तुम क्या करते हो?'

सम्राट ने कहा, 'मैं बड़ी मुश्किल में पड़ गया हूं। मैं इस बेटे के लिए रोऊं या उन बारह बेटों के लिए, जिन्हें मैं अभी-अभी देखता था। और इस राज्य के लिए रोऊं जिसका मालिक मर गया, या उस राज्य के लिए, जो बड़ा विराट था? सारी पृथ्वी उस राज्य के अंतर्गत थी। इस मिट्टी के, पत्थर के महल के लिए सोचूं, या स्वर्ण के महल जिसको मैं अभी-अभी छोड़कर आ रहा हूं। और मैं बड़े संदेह में पड़ गया हूं कि क्या सच है! इसलिए हंसता हूं। पागल नहीं हुआ हूं।' सम्राट ने कहा, 'अगर तू ठीक से समझे तो पहली दफा मेरा पागलपन टूटा है, मैं होश में आ गया हूं।'

न यह संसार सच है, न वह संसार सच है। दोनों ही सपने मालूम पड़ते हैं। एक दिन का सपना है; एक रात का सपना है।

इसलिए हिंदू कहते हैं, यह जगत माया है, स्वप्न से ज्यादा नहीं। जागती आंख का सपना है। और जब तक तुम सोये हुए हो, तुम सपने के अतिरिक्त कुछ देख भी न सकोगे। चाहे आंख खुली हो और चाहे आंख बंद हो; इससे कोई फर्क नहीं पड़ता। तुम भीतर बेहोश

हो। तुम्हें इतना भी तो होश नहीं है कि मैं कौन हूं! तुम्हारे होश का क्या अर्थ हो सकता है? तुम्हें इतना भी तो होश नहीं है कि किस गहरे स्रोत से मेरा जीवन आता है। तुम भीतर कभी गये ही नहीं हो। तुम्हारा अपने से कोई परिचय नहीं। तुम कैसे कहते हो कि तुम होश में हो?

बुद्ध, महावीर, कृष्ण और क्राइस्ट होश का एक ही अर्थ करते हैं; जिसे आत्मज्ञान हुआ है।

तुम्हें रास्ते पर एक आदमी मिल जाये और तुम उससे पूछो कि तू कौन है? और वह कहे, क्षमा करें, मुझे कुछ पता नहीं। तुम उससे पूछो, तू कहां से आ रहा है और वह कहे कि माफ करें, मुझे कुछ पता नहीं! और तुम उससे पूछो कि कहां जा रहा है और वह कहे माफ करें, मुझे कुछ पता नहीं कि मैं कहा जा रहा हूं; तो क्या समझोगे तुम? यह आदमी या तो बेहोश है, या नशे में है, या पागल है। लेकिन तुम्हारी भी जीवन के रास्ते पर इससे भिन्न तो कोई दशा नहीं है।

तुमसे कोई पूछे कौन हो? तो क्या है जवाब?

कहां से आते हो?—क्या है जवाब?

कहां जाते हो?—क्या है जवाब?

क्यों हो?—कुछ भी पता नहीं!

मैंने सुना है, एक आदमी वर्षों तक धंधा करता रहा एक साझीदार के साथ लंदन में। साझेदारी भले ढंग से चलती थी, क्योंकि दोनों सीधे-सादे आदमी थे और दोनों विवाद में भरोसा न करते थे, इसलिए कभी कोई विवाद भी नहीं होता था। एक दूसरे से राजी रहते थे, काम ठीक चलता था। फिर उन्होंने काफी कमा लिया। फिर सोचा कि अब हमने इतना अर्जन कर लिया कि हम थोड़ा पहाड़ों में जायें, और थोड़ी छुट्टी बितायें। थोड़ा विश्राम का दिन आ गया।

तो दोनों पहाड़ पर गये। पहली ही रात रास्ता भटक गये। दोनों अलग-अलग हो गये। एक आदमी, जो घने जंगल में पड़ गया, बहुत डरने लगा। बहुत भयभीत होने लगा। जोर से चिल्लाकर कहने लगा जंगल में, मैं रास्ता खो गया हूं। शायद कोई सुन ले! फिर उसने चिल्लाकर कहा, कि मैं रास्ता खो गया हूं। किसी ने तो न सुना, सिर्फ एक उल्लू एक वृक्ष पर बैठा था। तो उल्लू ने जोर से हुंकार भरी—'हू।' उस आदमी ने समझा कि यह पूछ रहा है, 'कौन?' तो उसने कहा, 'मैं—मेरा नाम विल्सन।'

उल्लू ने फिर कहा, 'हू।'

तो उस आदमी ने कहा कि 'कहा नहीं, मेरा नाम विल्सन! विल्सन एंड जानसन कंपनी में साझेदार हूं।'

उल्लू ने फिर कहा, 'हू।'

तो उस आदमी ने कहा, 'नेवर माइंड! आई विल फाइंड माई ओन वे। यू आर आस्किंग टू मच।' मैं पा लूंगा अपना रास्ता। खुद ही खोज लूंगा। आप परेशान मत हों। जरूरत से ज्यादा पूछ रहे हैं। इससे ज्यादा तो मुझे ही पता नहीं है। इतना ही मालूम है कि विल्सन मेरा नाम है, विल्सन एंड जानसन कंपनी में साझेदार हूं। इससे ज्यादा न कभी किसी ने पूछा है, न उत्तर देने का कोई सवाल उठा है।

आपको इससे ज्यादा मालूम है? उल्लू भी तीन बार पूछ ले, तो आपका आत्मज्ञान

खतम हो जाये! तो ज्ञानी की तो बात छोड़ें, कोई फकीर पूछे उसकी तो बात छोड़ें, उल्लू पूछ ले 'हू' तो आत्मज्ञान खो जाता है। इसको होश कहिएगा? यह कैसा होश है? कितना होश है इसमें? इसमें कुछ होश नहीं है। होश के नाम पर आप धोखे में हैं।

गुरजिएफ कहता था, तुम सोये हुए हो। तुम्हारी नींद दो तरह की है; एक नींद जब तुम आंख बंद कर लेते हो, और एक नींद जब तुम सुबह आंख खोल लेते हो। पर इससे तुम्हारी नींद नहीं टूटती। तुम्हारी नींद जारी रहती है। नींद तुम्हारी दशा है। गुरजिएफ से कोई पूछता कि मैं क्या करूं? मैं भला होना चाहता हूं। शुभ होना चाहता हूं, मैं शुद्ध होना चाहता हूं, पवित्र होना चाहता हूं। गुरजिएफ कहता, बकवास मत करो! पहले जागो। क्योंकि बिना जागे, तुम कैसे शुभ हो सकोगे? तुम्हें यही पता नहीं कि तुम कौन हो? किसको स्नान करवाओगे? किसकी शुद्धि करोगे? कौन करेगा ध्यान?

बुद्ध से किसी ने रास्ते पर टोका और पूछा कि मैं लोगों की सेवा करना चाहता हूं, कैसे करूं? बुद्ध ने उसे गौर से देखा और कहा कि मुझे बड़ी दया आती है। तुम कैसे सेवा करोगे? तुम अभी हो ही नहीं।

गुरजिएफ से मिलने आस्पेंस्की जब पहली दफा गया, वह बड़ा लेखक था, उसने बड़ी किताबें लिखी थीं। जैसे तथाकथित ज्ञानी होते हैं, ऐसा ज्ञानी था। शास्त्रों पर उसकी पकड़ थी, बड़ा गणितज्ञ था। बड़ा तर्कशास्त्री था। गुरजिएफ ने उसे नीचे से ऊपर तक देखा और कहा कि इसके पहले कि हम कोई बातचीत शुरू करें, यह कागज लो, बगल में कमरा है वहां चले जाओ और इस कागज पर लिख लाओ, जो-जो तुम जानते हो; क्योंकि उस संबंध में फिर हम बात न करेंगे। और वह लिख लाओ, जो-जो तुम नहीं जानते हो। बस उसी संबंध में बात हो सकती है। जब तुम जानते ही हो, तो बात व्यर्थ!

आस्पेंस्की थोड़ा बेचैनी में पड़ा। गुरजिएफ पढ़ लिया होगा उसकी हालत देखकर कि वह बहुत जानता है। अकड़, जानने वाले की अलग ही होती है। आया होगा तब अकड़कर आया होगा। कागज लेकर गया दूसरे कमरे में, लिखने बैठा तो हाथ कांपने लगा। सोचने लगा, क्या जानता हूं? किताबें उसने लिखी थीं। परमात्मा की बातें की थीं, लेकिन परमात्मा को मैं जानता हूं? सोचा तो होश आया पहली दफा, कि जानता तो नहीं हूं। तो भीतर भय भी लगा कि जिसको मैं जानता नहीं, उस संबंध में मैंने लिखा क्यों? और तब यह भी लगा कि जिस संबंध में मैं नहीं जानता, उस संबंध में लिखकर मैंने दूसरों का अहित किया। क्योंकि जब मैं ही नहीं जानता तो मेरा लिखा हुआ पढ़कर दूसरे कहां जायेंगे? पसीना-पसीना हो गया। ठंडी सुबह थी।

घंटे भर बाद वापिस आया, कोरा कागज गुरजिएफ को वापिस दिया, और कहा, 'क्षमा करें, पहली दफा मुझे होश आया कि मैं जानता कुछ भी नहीं।'

ऐसा तुम्हें होश कब आयेगा? और जब तुम नहीं कुछ जानते हो, तभी तुम्हें कुछ समझाया जा सकता है; उसके पहले नहीं। अन्यथा तुम्हारा तर्क कहेगा, यह बात मानने की नहीं, अभी मैं जीवित हूं। और मैं तुमसे कहूं कि तुम मर गये हो। तुम जिंदा नहीं हो। सिर्फ मरने की खबर पहुंचने में तुम्हें थोड़ी देर लगेगी, समय लगेगा। मर तुम उसी दिन गये, जिस दिन तुम पैदा हुए।

बुद्ध ने कहा है, जन्म में मृत्यु छिपी है। जैसे बीज में अंकुर छिपा हो, ऐसे जन्म में मृत्यु छिपी है। गर्भ ही तो कब्र है। शुरुआत अंत है। इसलिए बुद्ध ने कहा है, जो जुड़ा है, वह बिखर जायेगा। जो बना है, वह मिट जायेगा। लेकिन क्या तुम्हें अपने भीतर ऐसी किसी चीज का पता है, जो कभी बनाया नहीं गया—अनबना है? असृष्ट, अनक्रियेटेड है! अगर उसका तुम्हें कोई पता नहीं, तो तुम्हारी जड़ें उखड़ी हुई हैं। तुम अपरूटेड हो। और जब तक तुम इस बात को न समझ लो...यह पहला होश है; फर्स्ट अवेयरनेस—कि तुम कुछ भी जानते नहीं। अगर यह तुम्हें खयाल न आये तो तुम तर्क करोगे। तुम पच्चीस सवाल उठाओगे। और तुम कोई जवाब स्वीकार न करोगे। श्रद्धा तुममें उत्पन्न न होगी।

यह सूफी यही कह रहा है कि इस वृक्ष को अगर मैं कहूं कि तू टूट गया, तो इसके मन में श्रद्धा पैदा होने वाली नहीं। यह मुझे ही कहेगा कि तुम अंधे हो। देखो मेरी हरियाली। अभी मैं जवान हूं, अभी फूल खिल रहे हैं, अभी पत्ते हरे हैं। कौन कहता है कि मैं मर गया हूं? तुम कुछ गलत-फहमी में पड़ गये हो। या तुम मुझे कुछ धोखा देना चाहते हो। यह कटा हुआ वृक्ष मानने को राजी न होगा।

श्रद्धा तो तभी पैदा होती है, जब तुम्हें अपनी जानकारी का भ्रम टूट जाता है। तुम्हारी जानकारी के भ्रम से तर्क पैदा होता है। तुम्हारा जानकारी का भ्रम गया कि तर्क खो जाता है।

तब यह सुनेगा इस फकीर को गौर से। तब इसके भीतर तर्क का जाल नहीं उठेगा। तब यह फकीर की बात मानकर देखेगा अपने चारों तरफ कि सच में मेरी जड़ें टूट तो नहीं गईं? मैं काट तो नहीं दिया गया हूं? घाव मुझे दिखाई न पड़ रहा हो क्योंकि घाव की खबर पहुंचने में भी समय लगता है।

तुम्हारे पैर में भी चोट लगती है तो उसी वक्त थोड़े ही तुम्हारी बुद्धि को पता चलता है। समय लगता है। समय चाहे थोड़ा-सा ही लगता हो, लेकिन समय लगता है। और अगर तुम्हारी बुद्धि व्यस्त हो तो बहुत समय भी लग सकता है। अगर तुम खेल के मैदान पर हॉकी खेल रहे हो और तुम्हारे पैर में चोट लग गई, नाखून उखड़ गया, खून बहने लगा, तुम्हें पता नहीं चलेगा। खेल बंद होगा आधे घंटे बाद, तब अचानक तुम्हें पता चलेगा। तुम्हारा मस्तिष्क व्यस्त था। तो यह द्वार तक तुम्हारे मस्तिष्क के पहुंच गई खबर, दस्तक देती रही, लेकिन द्वार बंद थे, तुम उलझे थे। पता नहीं चलेगा।

घर में आग लगी हो, और तुम्हारे सिर में दर्द हो जाये, और तुम्हें पता नहीं चले। जब घर की आग बुझ जायेगी, तब तुम्हें पता चलेगा कि सिर भारी है और दर्द से भरा है। युद्ध के मैदान पर सैनिकों को बहुत बार पता नहीं लगता। ऐसी घटनायें घटी हैं कि जो भरोसे की नहीं हैं।

अभी अमरीका में एक सैनिक जो दूसरे महायुद्ध में था, अचानक उसकी पीठ में दर्द उठा। दूसरे महायुद्ध को हुए तो बहुत वक्त हो गया। अब तो वह आदमी बूढ़ा है। दर्द उठा तो खोजबीन की गई, उसकी पीठ में एक गोली पाई गई, जिसका उसे पता ही नहीं है। कारतूस पाया गया, जिसका उसे पता ही नहीं है कि कब लगा! बिना लगे तो कारतूस भीतर नहीं जा सकता। लेकिन वह इतना व्यस्त रहा होगा युद्ध के मैदान पर, कि कारतूस भीतर चला गया। छोटा-मोटा घाव समझा होगा, भर गया होगा, वह भूल गया बात। अब बुढ़ापे

में जाकर दर्द उठा। और यह कोई एक घटना नहीं है, ऐसी बहुत सी घटनाएं हर युद्ध में घटती हैं। अनेक सैनिकों को भूल जाता है कि उनके शरीर में कारतूस पड़ा है। बाद में, वर्षों बाद किसी पीड़ा, दर्द के समय में उसका पता चलता है।

किस अवस्था में कारतूस शरीर में चला जाता होगा और पता न चलता होगा? अगर मस्तिष्क बहुत व्यस्त हो तो खबर न मिलेगी। और तुम्हारा मस्तिष्क बहुत व्यस्त है।

तुम्हारी जड़ें भी कट जायें, तुम्हें पता नहीं चलेगा। और तुम्हारी जड़ें अदृश्य हैं। वृक्ष की जड़ें तो दृश्य हैं। तुम चलते हुए वृक्ष हो। तुम्हारी जड़ें कहीं जमीन में गपी नहीं हैं। तुम्हारी जड़ें अदृश्य में हैं। वृक्ष की जड़ें तो स्थूल हैं, तुम्हारी जड़ें सूक्ष्म हैं। इसलिए कब टूट गईं, तुम्हें पता नहीं चलता। वर्षों लग जाते हैं। कोई तुमसे कहे तो भरोसा नहीं आता।

अगर मैं तुमसे कहूं कि तुम परमात्मा से उखड़ गये हो तो ज्यादा संभावना इसकी है कि तुम कहो कैसा परमात्मा! कौन परमात्मा! कहां है परमात्मा? बजाय इसके कि तुम अपनी स्थिति की खोज-बीन करो, तुम परमात्मा पर सवाल उठाओगे। बजाय इसके कि तुम जांच-पड़ताल करो कि हो सकता है, मैं इतना दुखी हूं, इतना पीड़ित हूं, यह इसी कारण हूं, कि मेरी जड़ें कहीं शिथिल हो गई हैं। मेरे जीवन में सिवाय संताप के कुछ भी नहीं है। कहीं आनंद नहीं है। कहीं कोई उत्सव नहीं फलता। कहीं कोई उत्साह नहीं है। तो कहीं सच ही न हो यह बात कि मैं परमात्मा से टूट गया हूं!

और परमात्मा का क्या अर्थ है? कोई व्यक्ति नहीं; यह जो समग्र का विस्तार है, यह जो विराट फैला हुआ है सब दिशाओं में; इसी का, इसी टोटलिटी का, इसी का नाम परमात्मा है।

तुम इससे विच्छिन्न हो। तुम्हारे संबंध शिथिल हो गये हैं। थोड़ी बहुत श्वास जुड़ी है इसीलिए तुम जी रहे हो, लेकिन वह भी टूट जायेगी। तुम निन्यान्नबे प्रतिशत टूट गये हो। शायद एकाध जड़ पड़ी है, जिससे श्वास चलती जाती है। जरा सा धक्का...वह जड़ भी टूट जायेगी। अगर तुम तर्क न करो...और सारे धर्म कहते हैं तर्क मत करो। इसलिए बुद्धिमान आदमी को धर्म में रस नहीं मालूम पड़ता क्योंकि बुद्धिमान आदमी तर्क करना चाहता है।

मेरे पास लोग आते हैं। एक युवक कुछ दिनों पहले आया और उसने कहा कि आप ईश्वर के पक्ष में जो भी तर्क दे सकते हों दें, और मैं भी जो ईश्वर के विपक्ष में तर्क दे सकता हूं, दूंगा। अगर आपने मुझे कनविंस किया, अगर आपने मुझे राजी कर लिया तर्क से, तो मैं आपका शिष्य हो जाऊंगा।

मैंने उस युवक को कहा कि जो व्यक्ति तर्क से परमात्मा की खोज पर जाता है, पहली तो बात, उसे कभी कनविंस नहीं किया जा सकता, राजी नहीं किया जा सकता। क्योंकि तर्क के माध्यम से परमात्मा तक कोई रास्ता ही नहीं जाता। यह तो ऐसा है, जैसा एक आदमी कहे कि मैं आंख बंद रखूंगा और तुम सिद्ध करो कि प्रकाश है। जब सिद्ध हो जायेगा, तब मैं आंख खोलूंगा। तो हम उससे कहेंगे, आंख बंद आदमी के सामने कैसे सिद्ध किया जा सकता है कि प्रकाश है?

श्रद्धा है आंख का खुलना, तर्क है आंख का बंद रहना।

और तर्क कहता है कि पहले सिद्ध करो। बात बिलकुल ठीक लगती है कि जब तक सिद्ध न हो जाये तब तक मैं कैसे स्वीकार करूंगा? लेकिन आंख खुले बिना प्रकाश कैसे

सिद्ध हो सकता है? प्रकाश को सिद्ध करने का और कोई उपाय नहीं है। सिर्फ एक ही उपाय है कि आंख खुली हो। लेकिन तर्कनिष्ठ व्यक्ति कहता है, मैं आंख खोलूं क्यों, जब तक कि सिद्ध न हो जाये कि परमात्मा है, प्रकाश है? कोई उपाय नहीं।

मैंने उस युवक को कहा, हम व्यर्थ मेहनत में न पड़ें। तू अपने रास्ते पर जा और तर्क से जी। लेकिन तू आया ही क्यों है? निश्चित ही तेरे तर्क ने तुझे कहीं कठिनाई में डाला है। उसने कहा कि नहीं, तर्क से मुझे कोई...और कोई कठिनाई नहीं। वैसे मैं दुखी हूं, अशांत हूं, तो मैं चाहता हूं कि कोई सिद्ध करे परमात्मा है, ध्यान का कोई मूल्य है; तो मैं करूंगा। मैं संन्यास भी लेने को राजी हूं, लेकिन कोई सिद्ध करे!

'तू और थोड़ा भटक, और थोड़ा दुखी हो, और थोड़ा परेशान हो। तेरी परेशानी ही तेरे तर्क को तोड़ेगी और कोई उपाय नहीं है। जब तू इतना दुखी हो जायेगा, तभी तू संदेह करेगा कि शायद मेरा तर्क ही तो मेरे दुख का कारण नहीं है? और जिस दिन तुझे ऐसा बोध हो, उस दिन वापिस आना।'

आनंद, खबर है कि तुम ठीक चल रहे हो। दुख—खबर है कि तुम गलत चल रहे हो। आनंद खबर है कि तुम्हारी यात्रा ठीक दिशा में हो रही है। दुख खबर है कि तुम गलत दिशा में यात्रा कर रहे हो। आनंद इस बात की खबर है कि तुम स्रोत के निकट पहुंच रहे हो। और दुख इस बात की खबर है कि तुम स्रोत से दूर जा रहे हो। दुख इस बात की खबर है कि तुम्हारी जड़ें टूट गई हैं, टूटती जा रही हैं। आनंद इस बात की खबर है तुमने फिर से जड़ें फैला लीं, तुम पृथ्वी में पैर जमाकर खड़े हो गये हो—रस के स्रोत फिर से बहने शुरू हो गये हैं। तुम अलग नहीं हो, तुम अस्तित्व के साथ एक हो।

वृक्ष को जरा उखाड़कर रख दो और देखो, वृक्ष में क्या घटता है! वह जो अभी हरा था, भरा था, लहलहा रहा था, हवायें आती थीं तो मस्ती से नाचता था, आकाश में बादल आते थे तो गीत गुनगुनाता था, उसे उखाड़कर रख दो। उसके सब गीत थोड़ी देर में खो जायेंगे। उसकी हरियाली थोड़ी देर में मुर्झा जायेगी। पत्ते लटक जायेंगे। उत्साह नहीं रह जायेगा। आकाश में बादल उठेंगे, तो भी उसके प्राणों में कोई गीत नहीं गूंजेगा। वही तुम्हारी दशा है।

वृक्ष की पृथ्वी है; तुम्हारी पृथ्वी परमात्मा है।

वह सूफी फकीर ठीक कह रहा है, लेकिन तर्क से तुम्हें समझाने का कोई उपाय नहीं। बुद्ध तुम्हें कोई तर्क नहीं देते और न क्राइस्ट तुम्हें कोई तर्क देते हैं। तर्क की जगह वे केवल अपने आपको तुम्हारे सामने मौजूद करते हैं। अगर उनकी खुशी तुम्हें पकड़ ले, अगर उनके जीवन की लहलहाहट तुम्हारे खयाल में आ जाये, अगर उनकी मस्ती तुम्हारे हृदय को छू ले, अगर उनकी समाधिस्थ दशा तुम्हें घेर ले और प्रफुल्लित कर जाये!

बुद्ध खुद तर्क है। अस्तित्व खुद तर्क है।

मैंने उस युवक को कहाः तू दुखी है, मैं दुखी नहीं हूं। और जिस दिन तुझे आनंद सीखना हो, उस दिन तू आ जाना। लेकिन तर्क का कोई सवाल नहीं है।

तर्क में पड़ते ही नासमझ हैं। समझदार की फिक्र नहीं होती है कि क्या सही है, क्या गलत है! समझदार की फिक्र होती कि क्या आनंद है और क्या दुख है! सही और गलत का हिसाब करके क्या करोगे? हिसाब भी कर लिया तो हाथ में क्या आयेगा? हिसाब करना,

आनंद का और दुख का; कितना दुख है, कितना आनंद है! और जहां आनंद की झलक पाओ, समझना कि वहां स्रोत है। सूखी नदी को देखकर तुम समझ जाते हो कि स्रोत नहीं है। भरी नदी को, बहती नदी को, जीवंत, नाचती जाती सागर की तरफ, नदी को देखकर तुम समझ जाते हो, स्रोत है—वही तर्क है। नदी और क्या कहे? उसका बहाव, उसकी लहरें, उसका यह नृत्यपूर्ण यात्रा-पथ! यह उसकी तीर्थयात्रा...यही उसका तर्क है।

अस्तित्व किसी तर्क, छोटे तर्क को नहीं मानता। और तर्क उठते ही इसलिए हैं कि हमें अस्तित्व के बड़े तर्क का कोई पता नहीं।

हमारी छोटी-सी बुद्धि से हम बड़े हिसाब लगाते हैं। और हिसाब में हम हारते हैं। क्योंकि यह विराट इतना बड़ा है और बुद्धि इतनी छोटी है! जैसे कोई चम्मच लेकर सागर के किनारे बैठकर और सागर को नाप रहा हो। सागर नपेगा इसकी तो संभावना नहीं है; यह आदमी मरेगा। यह यहीं ढेर हो जायेगा चम्मच हाथ में लिए। इसका जीवन व्यर्थ हो जायेगा। बुद्धि शायद चम्मच से भी छोटी है।

अमरीका में एक बहुत बड़ा वनस्पतिशास्त्री हुआ, जिसने मूंगफली के संबंध में बड़ी खोजें कीं, और मूंगफली के बड़े नये-नये रूप और प्रकार पैदा किए। वह अपने ऊपर मजाक किया करता था। और अपने ऊपर मजाक वे ही लोग कर सकते हैं, जो बड़े बुद्धिमान हैं। दूसरे का मजाक तो मूढ़ भी कर सकते हैं; मूढ़ ही करते हैं।

सिर्फ बुद्धिमान अपने पर हंस सकता है।

तो वह वनस्पतिशास्त्री कहा करता था लोगों से, कि पहले मैं सारे जगत को समझना चाहता था और मैं परमात्मा से प्रार्थना करता था, इस जगत का रहस्य मेरे लिए खोल! बहुत मैंने प्रार्थना की, लेकिन मेरी कोई प्रार्थना सुनी न गई। तब मैंने सोचा कि जगत शायद बहुत बड़ा है, मैं शायद बहुत छोटा हूं। तो मैंने एक दिन परमात्मा से कहा कि छोड़ जगत को। यह मूंगफली की मैं खेती करता हूं, इसका ही रहस्य खोल दे। तो परमात्मा की आवाज मुझे सुनाई पड़ी कि अब ठीक है। मूंगफली ठीक तेरे ही साइज की है। इसका रहस्य खोला जा सकता है। जगत का रहस्य जरा बड़ा था, तू काफी छोटा पड़ता था। और चम्मच से सागर नहीं तौले जा सकते। यह रहस्य तुझे मैं खोल दूंगा।

और वह वनस्पतिशास्त्री कहता था कि उसी ने रहस्य खोला। और इसलिए मैं मूंगफली के अनेक प्रकार, और नये-नये ढंग, और नये-नये स्वाद पैदा कर सका हूं। लेकिन जब मैंने ठीक सवाल पूछा, जो कि ठीक मेरी आकृति और मेरे रूप और मेरी सीमाओं के भीतर था, तब मुझे उत्तर मिला।

ध्यान रखना इसे। जब तक तुम अपने से बड़े सवाल पूछोगे, उत्तर नहीं मिलेंगे। जिस दिन तुम अपने योग्य सवाल पूछोगे, उसी क्षण उत्तर मिल जायेगा। और जितने उत्तर तुम्हें मिलते जायेंगे, उतना ही तुम्हारा आकार बड़ा होता जाता है। उतने ही बड़े प्रश्न पूछने में तुम समर्थ होते जाते हो। लोग जब ईश्वर के संबंध में सीधा-सीधा पूछते हैं, तभी व्यर्थ हो जाती है बात। बुद्धि बड़ी छोटी है। मगर छोटे का हमें बड़ा गर्व है। छोटे पर हम बड़े इतराये हैं।

ऐसा हुआ कि साक्रेटीज़ के पास एक आदमी मिलने आया। वह एक बड़ा धनपति था। और 'एथेन्स' में उससे बड़ा कोई धनपति नहीं था। उसकी अकड़ स्वाभाविक थी। रास्ते पर

भी चलता था, तो उसकी चाल अलग थी। बात करता था, लोगों की तरफ देखता था, तो उसका ढंग अलग था। हर जगह उसका अहंकार था। वह साक्रेटीज़ से मिलने आया।

साक्रेटीज़ ने उसे बिठाकर कहा कि बैठो, मैं अभी आया, भीतर गया और दुनिया का एक नक्शा ले आया और उससे पूछने लगा इस दुनिया के नक्शे पर यूनान कहां है?—छोटा सा यूनान! उस आदमी ने बताया, पर उसने कहा, यह पूछते क्यों हो? वह थोड़ा बेचैन हुआ। साक्रेटीज़ ने कहा और मुझे बताओ कि यूनान में एथेन्स कहां है? बस, एक छोटा-सा बिंदु था। पर उस आदमी ने कहा, यह पूछते क्यों हो? साक्रेटीज़ ने कहा, बस एक सवाल और! इस एथेन्स में तुम्हारा महल कहां है? तो तुम क्यों अब इतने अकड़े हो?

और यह पृथ्वी का नक्शा सब कुछ नहीं है। कोई चार अरब सूर्य हैं और इन चार अरब सूर्यों की अपनी-अपनी पृथ्वियां हैं। और अब वैज्ञानिक कहते हैं कि ये चार अरब भी हम जहां तक जान पाते हैं, वहां तक! आगे विस्तार का कोई अंत नहीं है। वैज्ञानिक कहते हैं, कम से कम पचास हजार पृथ्वियों पर मनुष्य जैसा जीवन होना चाहिए, मगर यह कोई अंत नहीं है, क्योंकि अंत की हमें कोई खबर नहीं है। जितना हमारे दूरबीन सशक्त होते जाते हैं, उतनी ही बड़ी सीमा होती जाती है। सीमा का कोई अंत नहीं मालूम होता।

तुम उसमें कहां हो? लेकिन बुद्धि बड़ी अकड़ी है। छोटा-सा सिर है, उस सिर में छोटी-सी बुद्धि है। कोई डेढ़ किलो वजन है खोपड़ी का। उस डेढ़ किलो वजन में सारा सब कुछ है। पर बड़ी अकड़ है; बड़े तर्क हैं।

जिन लोगों ने सत्य की खोज की है, उन्होंने कहा, जब तक तुम्हारा सिर न गिर जाये, तब तक तुम सत्य को न पा सकोगे। तुम्हारा सिर ही बाधा है। जब तक तुम सिर-सहित हो, तब तक तुम उसे न पा सकोगे।

क्योंकि तुम्हारा सिर तर्क खड़े करता है। और तुम्हारे तर्क बेहूदे हैं। मगर तुम्हारा सिर कहता है कि सब ठीक हैं ये तर्क।

संन्यासी बिना सिर के जीना शुरू करता है। उसका अस्तित्व तर्कहीन है। उसका होना हार्दिक है, बौद्धिक नहीं। उसके होने में बुद्धि प्रधान नहीं है। उसके होने में बुद्धि भी एक अंग है। जैसे मांस-मज्जा है, पित्ती है, हृदय है, फेफड़े हैं, वैसे बुद्धि भी एक अंग है।

बुद्धि से कोई सत्य खोजा नहीं जाता। बुद्धि तो राडार है। उससे थोड़ी-सी झलक आसपास की मिलती है, ताकि तुम सम्हलकर चल सको। बुद्धि मालिक नहीं है, सेवक है। लेकिन कभी-कभी ऐसा हो जाता है कि मालिक सेवक बन जाता है; सेवक, मालिक बन जाते हैं। तुम्हारे भीतर यही हुआ है। बुद्धि मालिक हो गई है, तुम सेवक हो गये हो। तुम पहले बुद्धि से पूछते हो, क्या सही, क्या गलत। फिर तुम चलते हो।

बुद्धिमान आदमी बुद्धि से नहीं पूछता; बुद्धि का उपयोग करता है। बुद्धिमान आदमी बुद्धि का उपयोग करता है, एक साधन की तरह। जहां जरूरत होती है, उसको आवाज देता है। जहां जरूरत नहीं होती, उसे छोड़ देता है। लेकिन जरूरत, गैर-जरूरत तुम्हारा सवाल नहीं। बुद्धि चलती ही जाती है। तुम जाग रहे हो, सो रहे हो, बैठे हो, कोई फर्क नहीं पड़ता। बुद्धि चलती जाती है। और बुद्धि कहे जाती है यह करो, यह करो, वह करो; और तुमसे करवाये चली जाती है।

ध्यान का अर्थ है, बुद्धि के इस नियंत्रण से छुटकारा। बुद्धि की इस मालकियत से मुक्ति। ध्यान का अर्थ है, बुद्धि की गुलामी से स्वतंत्रता। ध्यान एक बगावत है, एक क्रांति है।

अगर वह वृक्ष की शाखा ध्यानपूर्ण होती तो फकीर की बात समझ लेती। लेकिन वृक्ष की शाखा तर्क खड़ा करेगी और फकीर से कहेगी, सिद्ध करो।

तुम उस शाखा की भांति मत होना। अन्यथा फकीर का कुछ भी न जायेगा, तुम्हारा सब कुछ खो जायेगा। तुम्हारी बुद्धिमानी में ही तुम बुद्धिहीन सिद्ध होओगे।

कभी तुम ऐसे व्यक्ति के करीब आ जाओ, जो तुम्हें सचेत कर सकता हो, तो जहां तुम जूते छोड़ आते हो द्वार के बाहर, वहीं अपने सिर को भी रख आना। वहीं अपनी बुद्धि को भी रख आना। तो ही तुम बुद्धों का लाभ ले सकोगे। अन्यथा बुद्धों से वंचित हो जाना बहुत आसान है। जरा-सा तर्क—और हजारों मील का फासला हो जाता है। इंच भर तर्क—और स्वर्ग और नर्क में जितना फासला है, उतना फासला हो जाता है। इंच भर भी तर्क लेकर वहां मत आना। अगर बुद्धों से कुछ पाना हो तो सिर लेकर वहां जाना ही मत।

इसलिए पूरब के मुल्कों में गुरु के चरणों में सिर झुकाते हैं, वह सिर्फ प्रतीक है। वह प्रतीक इस बात का है कि हम तर्क को झुकाते हैं। अब हम सुनने को श्रद्धा से राजी हैं। अब हम विवाद न खड़ा करेंगे। अब हम संवाद को उत्सुक हैं। अब हम कुछ जानना चाहते हैं। हम कोई तार्किक निष्पत्ति नहीं चाहते। हम कोई जीवन की क्रांति चाहते हैं। वह सिर झुकाना प्रतीक है। लेकिन तुम सिर भी झुका देते हो, फिर भी तर्क से भरे रहते हो। वह प्रतीक झूठा हो गया।

जहां तुम्हारा सिर झुके, वहां तुम तर्क को रख देना, और तर्क-शून्य होकर सुनना और समझना। तब अस्तित्व तुम्हें घेर लेगा। तब बुद्धत्व तुम्हें बदल देगा। तब यह सूफी फकीर की बात वह वृक्ष भी समझ सकता था।

भगवान! आपने दो तरह की नींद की चर्चा की। एक तो साधारण नींद है, जिससे हम सुबह जागते हैं जब वह नींद पूरी हो जाती है। दूसरी नींद, जिसे हम आध्यात्मिक नींद कहते हैं; जिसमें हम सब सोये हैं, दिन में भी सोये हैं, उससे जागने के लिए भी क्या जरूरी है, कि वह नींद पूरी हो जाये?

निश्चित ही एक नींद है, जो सुबह पूरी हो जाती है। क्योंकि वह नींद शरीर की है। शरीर की सीमा है। शरीर थकता है। रात आप सो जाते हैं, थकान पूरी हो जाती है सुबह। शरीर बड़ा छोटा है। आत्मा की कोई सीमा नहीं है। आत्मा कोई छोटी घटना नहीं है। इसलिए आत्मा की नींद कभी भी पूरी न होगी, जब तक कि तुम चेष्टा न करोगे उसे तोड़ने की। वह अनंत हो सकती है।

दूसरी बात भी समझ लो। शरीर का जागरण भी सांझ चुक जाता है। शरीर का दीया तेल-बाती वाला है। सुबह नींद चुक जाती है, तुम जग आते हो। शाम होते-होते जागरण चुक जाता है, तुम सो जाते हो। शरीर का सब कुछ सीमित है। दस-बारह घंटा बहुत है। दीया जल गया। तेल चुक गया, बाती नष्ट हो गई, फिर विश्राम चाहिए।

न तो आत्मा की नींद का कोई अंत है और न आत्मा के जागरण का। एक बार तुम जागे, तो फिर तुम थकोगे नहीं। पर एक बार तुम जागे ही नहीं, तो तुम सोये ही रहोगे। अनंत जन्मों तक तुम सो सकते हो। क्योंकि आत्मा की कोई सीमा नहीं है। वह बिन बाती बिन तेल है। वह रोशनी तुम्हें दिखाई पड़ गई एक दफा तो सदा दिखाई पड़ती रहेगी। जब तक दिखाई नहीं पड़ी, तब तक तुम चूकते रहोगे। यह चूकना अंतहीन हो सकता है। तुम सदा से हो। तुम कोई आज तो नहीं हो गये हो। तुम कल भी थे, तुम परसों भी थे। तुम सदा से हो, लेकिन अब तक तुम चूकते गये हो। अब तक तुम सोये हो। ऐसा ही तुम आगे भी चूकते जा सकते हो।

आत्मा के साथ किसी भी चीज की कोई सीमा नहीं है, शरीर के साथ सब चीजों की सीमा है। शरीर की वासनाओं की सीमा है, शरीर की तृप्तियों की सीमा है, शरीर की शक्ति की सीमा है, शरीर की अशक्ति की सीमा है। शरीर के साथ सब क्षणभंगुर है। शरीर बड़ा छोटा दीया है। लेकिन आत्मा के साथ सब विराट है। वहां किसी चीज की कोई सीमा नहीं है। अगर तुम भटको तो तुम अनंत तक भटक सकते हो। अगर तुम जाग जाओ तो तुम अनंत के लिए जाग गये। वहां सभी कुछ विराट और अनंत है।

तुम्हारे प्रयास की जरूरत पड़ेगी। लेकिन बड़ा जटिल सवाल है कि सोया आदमी कैसे प्रयास करे जागने का? एक आदमी सोया है, जब वह सोया ही है तो वह जागने का प्रयास कैसे करे? अगर वह जागने का प्रयास करे तो उसका अर्थ है कि वह जाग ही रहा था। धर्म की मूल गुत्थी यहीं है कि सोया आदमी कैसे प्रयास करे जागने का?

इसलिए पूरब कहता है, गुरु के बिना जागना नहीं होगा। जब तुम सो रहे हो तो कोई जागने वाला ही तुम्हें जगा सकता है। इसीलिए तुम पहरेदार को रात कहकर सो जाते हो कि पांच बजे मुझे उठा देना, या तुम टेलिफोन कंपनी को खबर कर देते हो कि पांच बजे घंटी बजा देना। क्योंकि तुम जब सो रहे हो, तब कोई जागा हुआ तुम्हें उठा सकेगा। और या तुम घड़ी में अलार्म भर देते हो।

एक सदगुरु, जो जागा हुआ है, वह सोये हुए को हिला सकता है, जगा सकता है; हालांकि तुम सदगुरु को भी धोखा दे जाते हो। उससे कहते हो, बस! उठता हूं। करवट लेकर, आंख बंद करके, फिर सो जाते हो। अकेले तो तुम्हारा जागना करीब-करीब असंभव है।

इसलिए पुराने ही दिनों से जागरण की प्रक्रिया में स्कूल का बड़ा महत्व है। गुरजिएफ कहता था, बिना स्कूल के कोई भी जाग नहीं सकता। इसीलिए संप्रदाय पैदा हुए। संप्रदाय बहुमूल्य है, अगर समझपूर्वक चला जाये। संप्रदाय का अर्थ है, एक परंपरा, जिसमें दूसरे तुम्हें जगाने की कोशिश करते रहेंगे। एक जागा हुआ अनेकों को जगा सकता है। फिर वे अनेक जागे हुए दूसरों को जगाते जायेंगे।

यह एक कैसे जागता है प्रथम? कोई परिस्थिति, कभी-कभी तुम्हें बिना जगाने वाले के भी जगा दे सकती है। वह सांयोगिक है; जैसे बुद्ध को हुआ।

बुद्ध का जन्म हुआ, ज्योतिषियों ने कहा कि यह युवक होकर या तो संन्यासी हो जायेगा, और या महाप्रतापी सम्राट होगा। पिता बहुत चिंतित हुए। महाप्रतापी सम्राट हो यह तो पिता चाहे, लेकिन पिता...यह तो दुखद घटना बने अगर यह संन्यासी हो जाये। संन्यासी के चरण छूना आसान है, लेकिन तुम्हारा बेटा संन्यासी होना चाहे तो बड़ी पीड़ा होती है।

दूसरे का बेटा संन्यासी हो तो तुम पैर भी छू आते हो। पिता बहुत परेशान हुए। ज्योतिषियों से कहा कि फिर क्या उपाय है कि यह संन्यासी न हो? उन्होंने कहा एक ही उपाय है, कि इसकी नींद में जरा भी दखल न पड़े। क्योंकि कभी-कभी दखल पड़ने से आदमी जग जाता है।

जरूरी नहीं है कि अलार्म से ही तुम जगो, क्योंकि अलार्म भी सिर्फ दखल है। आकाश में बादल गरजें और तुम्हारी नींद टूट जाये। कोई परिस्थिति इतनी प्रगाढ़ कांटे की तरह चुभे कि तुम्हारी नींद खुल जाये। कोई दुख इतना बड़ा आ जाये कि तुम्हारी नींद खुल जाये। पर ये घटनायें सांयोगिक हैं। इनकी साधना नहीं बनाई जा सकती। क्योंकि बादल कब आयेंगे, दुख कब घना होगा, कुछ कहा नहीं जा सकता। जो लोग स्वयं जागते हैं, उनके जागने का कारण हमेशा सांयोगिक, एक्सीडेंटल होता है।

तो बुद्ध के पिता को उन्होंने कहा, तुम ऐसा इंतजाम करो कि यह कोई दुर्घटना से जग न जाये, सोया रहे। फिर यह सम्राट हो जायेगा, चक्रवर्ती हो जायेगा। लेकिन अगर यह जग गया, तो मुश्किल होगा। तो पिता ने सारा इंतजाम किया; वही इंतजाम मुश्किल हो गया। पिता ने इंतजाम किया, चार महल बनाये। अलग-अलग मौसम में रहने की अलग-अलग व्यवस्था की। क्योंकि कहीं ज्यादा गर्मी में नींद न टूट जाये, कि ज्यादा सर्दी में नींद न टूट जाये, कि ज्यादा वर्षा में नींद न टूट जाये। अति न हो, सब चीजों में सम रहे, ताकि यह व्यक्ति मूर्च्छित रहे। सुंदरतम जो स्त्रियां उपलब्ध हो सकती थीं, जब बुद्ध जवान होने लगे तो उन्होंने सारे राज्य से सुंदरतम कुंवारियां इकट्ठी कर दीं।

बुद्ध के पिता ने अगर मुझसे सलाह ली होती तो मैं कहता, तुम यह सब उपद्रव, गलती कर रहे हो। इसी से जगेगा यह। जब सभी सुंदर स्त्रियां वहां उपलब्ध हो गईं तो बहुत जल्दी सौंदर्य में रस चला गया। भोग निश्चित त्याग में ले जाता है। तुम नहीं पहुंच पाते त्याग में क्योंकि एकाध स्त्री तुम्हें मिलती है और हजारों स्त्रियां अनमिली रह जाती हैं। तो जो स्त्री तुम्हें मिल जाती है, उसमें तो रस खो जाता है, लेकिन जो तुम्हें नहीं मिलीं, उनमें रस बना रह जाता है। उसकी वजह से नींद जारी रहती है। बुद्ध को जो भी सुंदरतम स्त्रियां संभव थीं, सब मिल गईं। आगे कोई रस न रहा। अगर तुम्हें सब मिल जाये, तुम्हारा रस टूट जायेगा। बुद्ध को इतना सुख दिया कि जरा-सा दुख दुर्घटना हो गया। अगर कोई आदमी दुख में ही रखा जाये, तो उसको दुख झेलने की क्षमता बढ़ जाती है। जैसे एक आदमी रेलवे स्टेशन पर ही सोता है तो रेलें गुजरती रहें, कोई नींद में बाधा नहीं पड़ती। हड़ताल हो जाये तो नींद टूटती है। क्योंकि वह जो आवाज की आदत हो गई वह संगीत है, जिसमें उन्हें नींद आती है। तो जो लोग रेलवे स्टेशन पर सोते हैं, रेल की खड़-खड़ उनको बड़ा संगीतपूर्ण वातावरण बनाती है। वह न हो तो बेचैनी होती है।

शिकागो के पास से एक ट्रेन गुजरती थी रोज रात तीन बजे। उससे पूरे शिकागो में शोरगुल मचता था। उसकी सीटी की आवाज...पुराने दिनों की बात! तो अधिकारियों ने सोचा कि यह डिस्टरबेंस है, उसका समय बदल दिया। तीन बजे रात की बजाय वह सुबह सात बजे गुजरने लगी। तो अनेक शिकायतें आईं, कि तीन बजे अनेक लोगों को शिकागो में ऐसा लगा, कि नींद टूट जाती है, कि कुछ गड़बड़ हो रही है। वह जो तीन बजे उपद्रव मचता था रोज, वह नहीं मच रहा; तो उसका अभाव खला। लोग तो हैरान हुए। अधिकारी हैरान

हुए, कि हमने तो इसीलिए किया कि नींद ठीक से लगे लोगों की, लेकिन तीन बजे वर्षों की आदत हो गई थी। उससे नींद नहीं टूटती थी, वह नींद का हिस्सा हो गया था। अचानक वह खो गया। खाली जगह हो गई। अनेक लोगों की नींद टूट गई।

बुद्ध अगर दुख में रखे गये होते और बचपन से ही उन्हें सब तरह के दुख दिए गये होते, फिर उनकी नींद टूटना बहुत मुश्किल था। लेकिन सब सुख दिया। इतना सुख दिया कि कभी कोई कांटा न चुभा। बुद्ध के पिता ने बगीचे में इंतजाम किया था, कोई सूखा हुआ पत्ता भी बुद्ध को दिखाई न पड़े। क्योंकि कौन जाने सूखे पत्ते को देखकर बुद्ध सवाल उठा दें! मुरझाया फूल दिखाई न पड़े। कौन जानता है मुरझाया फूल को देखकर वह कह दे कि मैं तो नहीं मुरझा जाऊंगा? कहीं जीवन का सवाल न उठ जाये। कहीं मृत्यु दिखाई न पड़ जाये। तो रात बगीचा साफ कर दिया जाता था ताकि जीवन ही जीवन दिखाई पड़े। इसी से मुसीबत हुई, क्योंकि कितना छिपाओगे? कितना बचाओगे? आज नहीं कल बुद्ध महल के बाहर जायेंगे। बुद्ध को महल के बाहर जाना पड़ा। और जब उन्होंने पहली दफा एक आदमी की लाश को निकलते देखा, सब नींद टूट गई। सारथी से पूछा, क्या हो गया इस आदमी को? सारथी डरा क्योंकि खबर थी पिता की तरफ से, कि कभी मृत्यु की कोई चर्चा उठे तो कुछ कहना मत।

कहानी बड़ी मधुर है। देवताओं ने देखा कि सारथी डर रहा है, और एक क्षण आया है कि एक आदमी जग सकता है तो देवता सारथी में प्रवेश कर गये और उन्होंने सत्य कह दिया। यह तो कहानी है लेकिन बात ठीक ही है। देवता प्रवेश किए हों या न किए हों, सारथी में देवत्व भाव आ गया होगा कि यह बात तो सच ही कहनी चाहिए। क्यों झूठ बोलना? और कब तक छिपेगा झूठ? मौत तो है! तो सारथी ने कहा कि मैं कैसे कहूं? लेकिन यह आदमी मर गया। झूठ मैं नहीं बोल सकता। बुद्ध ने तत्क्षण पूछा कि क्या मैं भी मर जाऊंगा? सारथी ने कहा कि यह और कठिन सवाल है। मैं कैसे कहूं कि आप मर जायेंगे, लेकिन अपवाद कोई भी नहीं है। बुद्ध ने कहा, तब रथ वापिस लौटा लो; अब मुझे आगे नहीं जाना है। वे जा रहे थे एक महोत्सव में भाग लेने। एक युवक महोत्सव, यूथ फेस्टिवल था। सारे राज्य के युवक इकट्ठे हुए थे, बुद्ध को उसका उदघाटन करना था। वापिस लौटा लो, क्योंकि अब युवक महोत्सव में जाने का कोई अर्थ नहीं रहा। मैं मर ही गया। जब मरना ही है थोड़े दिन बाद, तो यह सब राग-रंग व्यर्थ है। उसी रात बुद्ध घर छोड़कर भाग खड़े हुए। यह परिस्थिति के कारण हुआ।

बुद्ध के पिता ने सोचा तर्क से। ठीक ही सोचा था, लेकिन जिंदगी तर्क को नहीं मानती। जिंदगी तर्क से बड़ी बड़ी है। बुद्ध के पिता ने व्यवस्था की तर्क से सब; कि दुख न हो, असुविधा न हो, मृत्यु का दर्शन न हो, इसी वजह से एक दुर्घटना घट गई। बुद्ध के पिता के लिए दुर्घटना बनी, बुद्ध के लिए तो इससे बड़ा अहोभाग्य दूसरा न था।

तो कभी-कभी ऐसा हुआ है कि कोई संयोगवश जाग गया है और तब उसने दूसरों को जगाना शुरू कर दिया है। लेकिन सामान्यतः सौ में निन्यान्नबे मौकों पर तुम्हें गुरु की जरूरत है। तुम्हें कोई जगायेगा, तभी तुम जाग सकोगे। तब भी डर है कि तुम शायद न जागो! तब भी भय है कि तुम करवट ले लो और सो जाओ। क्योंकि मैं तुम्हें रोज करवट लेते और फिर

से सो जाते देखता हूं। इसलिए अनुभव से कहता हूं। तुम्हें किसी तरह परेशान करके थोड़ा बहुत हिलाया-डुलाया, तुम थोड़ी-सी आंख खोलते हो, लेकिन आंख के भीतर नींद छाई रहती है। उस छाई हुई नींद से तुम थोड़ा-सा देखते हो, फिर करवट लेकर सो जाते हो; सोचते हो कि अभी दो घड़ी और सो लें, इतनी जल्दी क्या है? अभी सुबह हुई भी नहीं। तुम हजार बहाने खोजकर फिर सो जाते हो।

गुरु भी तुम्हें जगा नहीं पाता; इसलिए बिना गुरु के तुम जगोगे इसकी संभावना ना के बराबर है।

इसलिए मैं निरंतर कहता हूं, कृष्णमूर्ति ने ठीक बात कहकर भी बहुत लोगों का अहित किया है—अनजाने में। बात तो ठीक ही है कि तुम्हें कोई दूसरा कैसे जगायेगा? अगर तुम सोना ही चाहते हो, कोई जगा नहीं सकता। तुम जब जागना चाहोगे, तभी जागोगे। गुरु भी क्या करेगा?

इसलिए कृष्णमूर्ति ठीक ही कहते हैं कि तुम जागना चाहो तो जाग सकते हो। गुरु की कोई जरूरत नहीं। लेकिन जिनसे वे कह रहे हैं, वे तो नींद के लिए सब तर्क खोज रहे हैं। जब वे सुनते हैं, गुरु की कोई जरूरत नहीं तो अलार्म घड़ी को फेंक आते हैं। वे कहते हैं, जब जगना है तो जग ही जायेंगे। अलार्म की क्या जरूरत? अलार्म से भी वे जगते नहीं थे। पर उससे एक संभावना थी; उसे भी फेंक आते हैं। तब वे निश्चिंत होकर सोते हैं। अब कोई डर भी न रहा कि कोई जगायेगा। अब वे गुरु के पास भी नहीं जाते। अब कहीं कोई गुरु मिल भी जाये तो वे कहते हैं, गुरु की कोई जरूरत नहीं।

नानक ने, कबीर ने व्यर्थ ही नहीं कहा था कि गुरु के बिना ज्ञान नहीं होगा। उन्होंने तुम सोये हुए लोगों को देखकर कहा था। ज्ञान तो गुरु के बिना हो सकता है। क्योंकि ज्ञान तुम्हारी भीतरी संपदा है। कोई तुम्हें देने वाला नहीं। लेकिन तुम इतने जालसाज हो, तुम इतने षड्यंत्रकारी हो, अपने साथ तुम ऐसा खेल खेल रहे हो, कि तुम अपने को धोखा दे लोगे। कोई चाहिए जो तुम्हें जगाये, हिलाये, झकझोरे।

आस्पेंस्की ने अपनी किताब 'इन सर्च आफ द मिरैकुलस', गुरजिएफ को भेंट की है। समर्पण में लिखा है; 'गुरजिएफ को, जिसने मेरी नींद तोड़ दी।'

गुरु का एक ही अर्थ है : जो तुम्हारी नींद तोड़ दे। इसलिए तुम गुरु से बचोगे, भागोगे क्योंकि नींद बड़ी सुखद है। और नींद का टूटना हमेशा दुखद है। जो भी तुम्हारी नींद तोड़ेगा, उस पर तुम नाराज होओगे क्योंकि वह तुम्हें बेचैनी में डाल रहा है। तुम नींद से व्यवस्थित हो गये हो। सब ठीक चल रहा था, सपना भी अच्छा था, सब ठीक थां। कोई आ गया, उसने नींद झकझोर दी। अब सब अस्त-व्यस्त होगा। अब पुराना सब जायेगा और नया फिर से संयोजन करना होगा। इसलिए गुरु शुरू में तो कष्टदायी मालूम पड़ता है, दुखदायी मालूम पड़ता है।

इसलिए जो गुरु तुम्हें शुरू से सांत्वना देता हो, समझना कि वह नींद की दवा होगा; गुरु नहीं है। जो तुम्हें पुचकारता, थपकारता हो और कहता हो सब ठीक है, उससे बचना। वह गुरु नहीं है। जब तुम सो रहे होओगे, वह तुम्हारी जेब काट लेगा; और कुछ इससे ज्यादा होने वाला नहीं है।

जब भी तुम गुरु के पास जाओगे तो वह कहेगा, कुछ भी ठीक नहीं है, तुम बिलकुल गलत हो। तुम पागल हो। तुम नींद में हो। तुम अस्वस्थ हो। वह तुम्हारे अहंकार को कोई तृप्ति न देगा। वह सब तरफ से तुम्हें तोड़ेगा, मिटायेगा, जलायेगा।

गुरु तो मृत्यु जैसा है। और मृत्यु से ही गुजरकर अमृत उपलब्ध होता है।

आज इतना ही।

मूल पुस्तक 'बिन बाती बिन तेल' का सातवां प्रवचन

तीसरा प्रवचन

बेईमानी : संसार के मालकियत की कुंजी

भगवान!
एक बदमाश था,
जिसे गांव के लोगों ने पकड़ा और एक पेड़ से बांध लिया।
और उससे कहा कि तुम्हें आज शाम तक हम समुद्र में डुबो देंगे।
यह कहकर वे लोग अपने काम पर चले गये।
इस बीच एक गड़रिया आया
और उसने बदमाश से पूछा कि क्यों यहां बंधे पड़े हो?
चालाक बदमाश ने कहा, 'कुछ लोगों ने मुझे इसलिये बांध दिया कि
मैंने उनके रुपये लेने से इनकार कर दिया।'
हैरत में आकर गड़रिये ने पूछा, 'वे तुम्हें रुपये क्यों देना चाहते थे?
और तुमने रुपये लेने से इनकार क्यों किया?'
बदमाश बोला, 'मैं धार्मिक आदमी हूं और वे लोग हैं अधार्मिक;
और वे मुझे पथ-भ्रष्ट करना चाहते हैं।'
गड़रिये ने कहा कि 'मैं तुम्हारी जगह यहां बैठता हूं; तुम मुक्त हुए।'
दोनों ने जगह बदल ली। शाम के समय गांव के लोग आये,
उन्होंने गड़रिये को बोरे में बंद किया और उसे जाकर समुद्र में डुबो दिया।
दूसरे दिन प्रातःकाल गांव वाले यह देखकर हैरान हुए कि
वही बदमाश भेड़ों का एक झुंड लिये गांव में हंसता प्रवेश कर रहा है।
उनके पूछने पर बदमाश ने बताया, 'समुद्र में बड़े दयावान जीव रहते हैं,
वे उन सबको पुरस्कृत करते हैं, जो समुद्र में कूदकर डूब जाते हैं।'
फिर क्या था, गांव के लोग भागे और समुद्र में जा डूबे।
और वह बदमाश गांव का अब मालिक बन बैठा।
हम आपसे यह कहानी समझना चाहते हैं।

ऐसे ही बदमाश सारे संसार के मालिक बन बैठे हैं। संसार की संपदा पानी हो तो सरलता बाधा है। संसार को जीतना हो तो ईमानदारी मार्ग नहीं; बेईमानी गणित है। यह कहानी आदमियों की कहानी है। इस संसार में ठीक ऐसा ही हो रहा है। बुद्धिमानी का उपयोग लोग जीवन के सत्य को पाने के लिये नहीं, बुद्धिमानी का उपयोग लोग दूसरे का शोषण करने के लिये; बुद्धिमानी का उपयोग स्वयं के अनुभव को पाने के लिये नहीं, सृजनात्मक नहीं, विध्वंसात्मक करते हैं। इसलिये जैसे-जैसे बुद्धि बढ़ती जाती है, वैसे-वैसे बेईमानी बढ़ती जाती है।

विचारक हमेशा से परेशान रहे हैं कि दुनिया जितनी शिक्षित होती है उतनी बुरी क्यों हो जाती है? अशिक्षित आदमी में थोड़ी भलाई भी हो, शिक्षित आदमी में भलाई की सारी जड़ें टूट जाती हैं। और जैसे-जैसे हम शिक्षा को सुलभ बनाते हैं, वैसे-वैसे लोग साधु नहीं होते, असाधु होते चले जाते हैं।

पश्चिम के एक बहुत बड़े विचारक डी. एच. लारेन्स ने एक सुझाव दिया था कि अगर दुनिया से बेईमानी, बदमाशी मिटानी हो तो कम से कम सौ वर्षों के लिये हमें सभी विद्यालय, सभी विद्यापीठ बंद कर देने चाहिये।

आदमी के पास जितनी बुद्धि बढ़ती है, उतनी बुराई करने की क्षमता बढ़ती है। होना उल्टा चाहिये कि बुद्धि प्रज्ञा बने; समझ आत्मज्ञान की तरफ ले जाये; लेकिन यह होता नहीं। समझ दूसरे के विनाश की तरफ ले जाती है। शायद जिसे हम समझ कहते हैं वह समझ नहीं है, समझ का धोखा है। पूरे मनुष्य जाति का इतिहास इस बात का गवाह है, कि जैसे ही मनुष्य ने आदिम सरलता खोई, वैसे ही जीवन में कष्ट और तकलीफें बढ़ गईं।

और यह तो उस गांव में एक बदमाश था, इसने इतना उपद्रव किया, पूरे गांव को विनष्ट कर दिया। तुम्हारे गांव में तो सभी बदमाश हैं। पूरी पृथ्वी बदमाशों से भरी है।

आदिम मनुष्य का भोलापन इतनी सरलता से क्यों खो जाता है? जरा-सी शिक्षा तुम्हें नष्ट क्यों कर देती है?

कुछ बातें समझनी चाहिये। पहली बात, आदिम मनुष्य का जो भोलापन है, वह वस्तुतः भोलापन नहीं है, वह केवल अभाव है। आदिम मनुष्य बेईमानी नहीं कर सकता क्योंकि बेईमानी करने के लिये एक तरह की कुशलता चाहिये, जो उसके पास नहीं है। इसलिये गांव में जो भोला आदमी दिखाई पड़ता है, वह वस्तुतः भोला नहीं है। उसको मौका मिले तो वह भी उतना ही शैतान सिद्ध होगा, जितना बड़े नगरों के लोग शैतान सिद्ध होते हैं। और अकसर तो वह ज्यादा शैतान सिद्ध होता है। अगर गांव का आदमी शिक्षित हो जाये, थोड़ा कुशल हो जाये तो शहर के आदमी से ज्यादा उपद्रवी सिद्ध होता है। क्योंकि उसके उपद्रव ऐसे हैं, जैसे कोई जमीन बहुत दिन तक बंजर पड़ी रही हो, उसमें कोई फसल न ली गई हो, फिर उसमें फसल ली जाये तो वह बहुत फसल दे। क्योंकि दूसरी जमीन तो अब शोषित हो चुकी है, उसकी जमीन बिलकुल खाली पड़ी है। गांव का सीधा-साधा आदमी जब भी शिक्षित हो जाता है, कुशल हो जाता है तो उसमें बदमाशी की बड़ी फसल लगती है। वह शहर के आदमियों को पराजित कर देता है। उसका भोलापन झूठा है।

तो दो तरह के भोलापन हैं: एक तो भोलापन है, जो संत का है। संत का भोलापन अनुभव से आया है। उसने जीवन में गुजरकर देखा है और पाया कि बेईमानी चाहे तत्क्षण कुछ भी देती मालूम पड़ती हो, अंततः सब कुछ छीन लेती है। उसने अनुभव से पाया कि दूसरे को नुकसान पहुंचाना भला पहले दिखाई पड़ता हो कि दूसरे को नुकसान पहुंचा रहे हैं, लेकिन अंततः अपने ही हाथ-पैर कट जाते हैं। उसने जीवंत अनुभव से यह सीख ली कि जो गड्ढा तुम दूसरे के लिये खोदते हो, आखिर में तुम पाओगे कि वह तुम्हारी ही कब्र बन जाती है। इस अनुभव के कारण वह बेईमानी छोड़ता है।

कुशल नहीं है ऐसा नहीं, बेईमानी नहीं कर सकता है ऐसा नहीं; कर सकता है, लेकिन अनुभव ने उसे बताया कि बेईमानी हितकर नहीं है। स्वयं के हित में भी नहीं है। दूसरे को तो नुकसान पहुंचाती है अभी, और स्वयं को नुकसान पहुंचाती है अंततः, इसलिये वह भोला हो गया है, वह सरल हो गया है।

यह सरलता बड़ी कीमती है, गंभीर है, गहरी है। यह सरलता बड़ी समृद्ध है क्योंकि अनुभव का आधार है। एक गांव का ग्रामीण है, या एक छोटा बच्चा है; छोटे बच्चे गांव के ग्रामीण जैसे हैं। छोटा बच्चा भोला मालूम पड़ता है लेकिन भोला है नहीं, तैयारी कर रहा है। अभी शरारत के बीज अंकुरित नहीं हुए हैं, जल्दी ही अंकुरित होंगे। गांव का आदिम आदमी तैयारी कर रहा है, प्रतीक्षा कर रहा है। जब कुशल हो जायेगा, तब उसके खेत में बड़ी बुराई की फसल आयेगी।

हर बच्चा देवता जैसा पैदा होता है और शैतान जैसा मरता है। बच्चों की शक्ल देखें, सभी बच्चे प्यारे मालूम होते हैं। कोई बच्चा कुरूप नहीं मालूम होता, सभी बच्चे सुंदर होते हैं। फिर यह सारे सुंदर बच्चे कहां खो जाते हैं? लोगों को देखें तो लोग कुरूप मालूम होते

हैं। जब वे बच्चे थे खुद, तब बड़े सुंदर थे। यह पृथ्वी सौंदर्य से भर जानी चाहिये। इतने सुंदर बच्चे पैदा होते हैं! लेकिन जैसे ही समझ बढ़ती है, जैसे ही कुशलता आती है, वैसे ही विकृति शुरू हो जाती है।

तो दो उपाय हैं आपके भी भोले होने के। एक तो उपाय है कि समझ को आने ही मत देना। एक तो उपाय है कि शिक्षित होना ही मत। एक तो उपाय है सभ्य बनना ही मत। परिस्थिति से दूर ही रहना।

गांधी जैसे विचारक इसी उपाय की सलाह देते हैं। वे कहते हैं, दुनिया से बड़े उद्योग समाप्त करो। शिक्षालय बंद करो। ट्रेनें, हवाई-जहाजें मत चलाओ। यांत्रिकता हटाओ। आदमी को वापस जंगल की तरफ ले चलो। क्योंकि जंगल का आदमी बड़ा भोला था।

उनका तर्क बहुत गहरा नहीं है क्योंकि जंगल का आदमी अगर सच में ही भोला था तो यह सारी बेईमानी फिर किससे पैदा हुई? कहां से आई? एक तो ऐसा आदमी है, जो इतना कमजोर है कि चोरी नहीं कर सकता, इसलिये साधु मालूम पड़ता है। एक आदमी इतना अशिक्षित है कि झूठ बोलने में झंझट है। झूठ बोलने के लिये थोड़ी बुद्धि चाहिये। और झूठ बोलने के लिये अच्छी याददाश्त चाहिये। अगर स्मृति कमजोर हो तो आप झूठ नहीं बोल सकते। क्योंकि घड़ी भर बाद आपको याद ही न रहेगा, किससे क्या कहा!

तो एक आदमी इसलिये सच बोलता है, क्योंकि झूठ बोलने के लिये जितनी कुशलता चाहिये, वह उसमें नहीं है। जो तकनीक बेईमानी के लिये चाहिये, वह उसमें नहीं है। लेकिन चाहता तो वह भी बेईमान होना है। तो वह प्रतीक्षा कर रहा है। जब सुविधा मिलेगी, तब वह भी बेईमान हो जायेगा। बीज पड़ा है जमीन में, वर्षा की प्रतीक्षा कर रहा है। जब बादल घिरेंगे और बरसेंगे तो बीज अंकुरित हो जायेगा।

तो गांधी जैसे विचारक सलाह देते हैं कि बादलों को बरसने ही मत दो। न बरसेंगे बादल, न बीज अंकुरित होगा। न रहेगा बांस, न बजेगी बांसुरी। लेकिन यह कोई बड़ी गहरी समझ की बात नहीं है। क्योंकि बांसुरी भला न बजे, उसके स्वर तो भीतर गूंजते ही रहेंगे। बेईमानी भला बाहर न आये असमर्थता के कारण, लेकिन गहरे में बीज तो विषाक्त करता ही रहेगा। मैं इस तरह के विचारकों से राजी नहीं हूं।

मैं तो कहता हूं, अनुभव से गुजरकर जो सरलता आये वही वास्तविक है। आग से गुजरकर जो सोना बचे, वही असली सोना है। इस डर से कि कहीं जल न जाये, हम आग के बाहर ही रख लें तो वह सोना असली नहीं है। और भय बता रहा है कि कचरे का डर है।

शिक्षित तो होना ही होगा। बच्चे को जवान होना ही होगा। बच्चे को बच्चे में कैसे रोका जा सकता है? आदिम आदमी सभ्य बनेगा, गांव मिटेंगे, महानगर बसेंगे। इससे बचने का कोई भी उपाय नहीं है। पीछे जाना संभव भी नहीं है। जैसे जवान बच्चा नहीं हो सकता फिर से, वैसे ही शहर के आदमी को गांव नहीं ले जाया जा सकता।

तो गांधी कितना ही कहें, कोई फर्क नहीं पड़ता। लोग सुन लेते हैं, सिर हिला देते हैं, लेकिन उनका जीवन जिस ढांचे में है, वैसा ही चलता जाता है। और गांधी कितना ही कहें, उनकी खुद की जीवन-व्यवस्था भी आधुनिक यंत्रों पर ही निर्भर होती है। ट्रेन में यात्रा करनी पड़ती है, मोटर में बैठना पड़ता है। गांधी की बात का प्रचार भी करना हो तो भी बड़े प्रेस का

उपयोग करना पड़ता है, लाऊडस्पीकर पर बोलना पड़ता है। इस सभ्यता के खिलाफ भी बोलना हो तो इसी सभ्यता का उपयोग करना पड़ता है। और जिसका हम उपयोग करते हैं, उसको हम नष्ट कैसे करेंगे? वह हमारे उपयोग से मजबूत होती है, बढ़ती है।

और गांधी कोई पहले व्यक्ति नहीं हैं, रूसो ने, टॉलस्टॉय ने, रस्किन ने, सभी ने पीछे लौटने की बात की है। गांधी पर रस्किन, थोरो और इमर्सन का बड़ा प्रभाव है। लेकिन कोई भी पीछे लौट नहीं सकता। पीछे लौटने का कोई मार्ग ही नहीं है। सब मार्ग आगे की तरफ जाते हैं; इसलिये मेरा सुझाव गांधी से बिलकुल विपरीत है।

मेरा सुझाव है, जितनी जल्दी हो सके अनुभव से गुजरो, लेकिन अनुभव से होश पूर्वक गुजरो ताकि अनुभव तुम्हें उसकी पूर्णता में दिखाई पड़ जाये। बीज से लेकर अंत तक, प्रथम से लेकर अंत तक तुम अनुभव को देख लो। जो व्यक्ति भी अनुभव को पूरा देख लेंगे, उनके जीवन से बेईमानी मिट जायेगी।

अब हम इस कहानी को समझने की कोशिश करें। कहानी बड़ी साफ है। कुछ रहस्यपूर्ण नहीं है कहानी में। एक बदमाश की कहानी है—यह समझें कि तथाकथित बुद्धिमान की। और तथाकथित बुद्धिमान सभी बदमाश होते हैं। बदमाश होने के लिये थोड़ा-बहुत बुद्धिमान होना जरूरी भी है। पूरे बुद्धिमान नहीं होते, लेकिन थोड़े बुद्धिमान होते हैं।

और ध्यान रहे, कभी-कभी आधा ज्ञान पूरे अज्ञान से भी ज्यादा खतरनाक होता है। थोड़ा ज्ञान सदा ही खतरनाक होता है क्योंकि थोड़ी दूर तक देखता है, पूरे को नहीं देख पाता।

गांव के लोग इस बदमाश से परेशान रहे होंगे और गांव के लोगों ने एक दिन तय किया कि इस बदमाश का अंत ही कर दो। एक वृक्ष से बांध दिया।

बदमाश होने के लिये थोड़ी बुद्धिमत्ता चाहिये, तर्क चाहिये, समझ चाहिये। दूसरे को धोखा देना आसान नहीं है क्योंकि दूसरा भी तुम्हें धोखा देने को तैयार है। जब भी तुम दूसरे को धोखा देते हो, उसका अर्थ है, कि तुमने ज्यादा बुद्धिमानी दिखाई दूसरे से।

एक गड़रिया पास से गुजरा—गांव का आदिम आदमी—उसने पूछा कि क्या हुआ? क्यों बंधे हुए हो इस वृक्ष से? इस बदमाश ने कहा कि बड़ी मुसीबत में पड़ गया हूं। गांव के लोग मुझे धन देना चाहते हैं, मैं लेना नहीं चाहता। वे नाराज हो गये।

गड़रिया निश्चित ही गांव का आदिम आदमी रहा होगा—जहां चाहते हैं रूसो, टॉलस्टॉय, गांधी लोगों को वापस ले जाना। लेकिन तब कोई भी बदमाश उन आदिम लोगों को शरारत से परेशान करेगा। पीछे लौटो कितने ही इतिहास में, चंगेज, तैमूर सदा मौजूद हैं। वे गांव के गड़रियों का शोषण कर रहे हैं। लेकिन शोषण वे बड़े ढंग से करते हैं, बड़ी बुद्धिमत्ता से करते हैं। इसीलिये हजारों साल तक दुनिया में कोई बगावत न हुई। लुटेरों, डाकुओं, हत्यारों को लोगों ने परमात्मा का अवतार समझा।

सम्राट, परमात्मा का प्रतिनिधि समझा जाता था पृथ्वी पर; कि वह परमात्मा की तरफ से राज्य कर रहा है। इसलिये सिंहासन के प्रति बगावत करना परमात्मा के प्रति बगावत थी। राजाओं ने अपने को तादात्म्य कर लिया था—सम्राट ने परमात्मा के साथ लोगों को समझा दिया था कि मैं उसका प्रतिनिधि हूं और लोग मान गये थे।

गांधी जैसे विचारक जिस दुनिया में लोगों को ले जाना चाहते हैं, उसमें फिर चंगेज और

तैमूर लोगों का शोषण करेंगे। वह दुनिया कोई बहुत अच्छी दुनिया नहीं थी, उसमें बगावत हो ही नहीं सकती थी। और जिस दुनिया में बगावत न हो सके, उस दुनिया से मुर्दा और दुनिया खोजनी कठिन है।

यहां हिंदुओं ने क्या किया? हजारों साल से लाखों-करोड़ों लोगों को शूद्र बना रक्खा और उनको समझा दिया कि तुम्हारे कर्मों के कारण ही तुम शूद्र हो। और उन्होंने मान लिया। यह बदमाश बुद्धिमानी है। यह शोषण की बड़ी कुशल तरकीब है। और उनको इस भांति समझा दिया कि बगावत का एक स्वर नहीं उठा भारत में। हजारों साल की यात्रा में शूद्रों ने एक दफे नहीं कहा कि यह क्या फिजूल की बात हमें समझाई जा रही है? यह प्रचार इतना गहरा गया...

और यह तुम्हारे ही हित में है, क्योंकि अगर तुम शांति से अपनी शूद्रता को स्वीकार कर लेते हो, तो अगले जन्मों में तुम ऊंचे वर्णों में पैदा हो जाओगे। ब्राह्मण ब्राह्मण घर में पैदा हुआ है क्योंकि उसने अच्छे कर्म किये हैं। तुम शूद्र घर में पैदा हुए हो क्योंकि तुमने बुरे कर्म किये हैं। अगर बगावत की तो और बुरे कर्म हो जायेंगे, तुम और महाशूद्र हो जाओगे, और नर्क में पड़ोगे। स्वीकार कर लो।

मनु की स्मृति पढ़ने जैसी है। मनु की स्मृति से ज्यादा अन्यायपूर्ण शास्त्र खोजना कठिन है, क्योंकि कोई न्याय जैसी चीज ही नहीं है। मनुस्मृति हिंदुओं का आधार है—उनके सारे कानून, समाज-व्यवस्था का। अगर एक ब्राह्मण एक शूद्र की लड़की को भगाकर ले जाये तो कुछ भी पाप नहीं है। यह तो सौभाग्य है शूद्र की लड़की का। लेकिन अगर एक शूद्र, ब्राह्मण की लड़की को भगाकर ले जाये तो महापाप है। और हत्या से कम, इस शूद्र की हत्या से कम दंड नहीं। यह न्याय है! और इसको हजारों साल तक लोगों ने माना है।

जरूर मनाने वाले ने बड़ी कुशलता की होगी। कुशलता इतनी गहरी रही होगी, जितनी कि फिर दुनिया में पृथ्वी पर दुबारा कहीं नहीं हुई। ब्राह्मणों ने जैसी व्यवस्था निर्मित की भारत में, ऐसी व्यवस्था पृथ्वी पर कहीं कोई निर्मित नहीं कर पाया, क्योंकि ब्राह्मणों से ज्यादा बुद्धिमान आदमी खोजने कठिन हैं। बुद्धिमानी उनकी परंपरागत वसीयत थी। इसलिये ब्राह्मण शूद्रों को पढ़ने नहीं देते थे क्योंकि तुमने पढ़ा कि बगावत आई। स्त्रियों को पढ़ने की मनाही रखी क्योंकि स्त्रियों ने पढ़ा कि बगावत आई।

स्त्रियों को ब्राह्मणों ने समझा रखा था, पति परमात्मा है। लेकिन पत्नी परमात्मा नहीं है! यह किस भांति का प्रेम का ढंग है? कैसा ढांचा है? इसलिये पति मर जाये तो पत्नी को सती होना चाहिये, तो ही वह पतिव्रता थी। लेकिन कोई शास्त्र नहीं कहता कि पत्नी मर जाये तो पति को उसके साथ मर जाना चाहिये, तो ही वह पत्नीव्रती था। ना, इसका कोई सवाल ही नहीं।

पुरुष के लिये शास्त्र कहता है कि जैसे ही पत्नी मर जाये, जल्दी से दूसरी व्यवस्था विवाह की करें। उसमें देर न करें। लेकिन स्त्री के लिये विवाह की व्यवस्था नहीं है। इसलिये करोड़ों स्त्रियां या तो जल गईं और या विधवा रहकर उन्होंने जीवन भर कष्ट पाया। और यह बड़े मजे की बात है, एक स्त्री विधवा रहे, पुरुष तो कोई विधुर रहे नहीं; क्योंकि कोई शास्त्र में नियम नहीं है उसके विधुर रहने का।

तो भी विधवा स्त्री सम्मानित नहीं थी, अपमानित थी। होना तो चाहिये सम्मान, क्योंकि

अपने पति के मर जाने के बाद उसने अपने जीवन की सारी वासना पति के साथ समाप्त कर दीं। और वह संन्यासी की तरह जी रही है। लेकिन वह सम्मानित नहीं थी। घर में अगर कोई उत्सव-पर्व हो तो विधवा को बैठने का हक नहीं था। विवाह हो तो विधवा आगे नहीं आ सकती। बड़े मजे की बात है; कि जैसे विधवा ने ही पति को मार डाला है! इसका पाप उसके ऊपर है। जब पत्नी मरे तो पाप पति पर नहीं है, लेकिन पति मरे तो पाप पत्नी पर है! अरबों स्त्रियों को यह बात समझा दी गई और उन्होंने मान लिया। लेकिन मानने में एक तरकीब रखनी जरूरी थी कि जिसका भी शोषण करना हो, उसे अनुभव से गुजरने देना खतरनाक है और शिक्षित नहीं होना चाहिये। इसलिये शूद्रों को, स्त्रियों को शिक्षा का कोई अधिकार नहीं।

तुलसी जैसे विचारशील आदमी ने कहा है कि 'शूद्र, पशु, नारी, ये सब ताड़न के अधिकारी।' इनको अच्छी तरह दंड देना चाहिये। इनको जितना सताओ, उतना ही ठीक रहते हैं। 'शूद्र, ढोल, पशु, नारी...' ढोल का भी उसी के साथ—जैसे ढोल को जितना पीटो, उतना ही अच्छा बजता है; ऐसे जितना ही उनको पीटो, जितना ही उनको संताओ उतने ही ये ठाक रहते हैं। यही धारा थी। इनको शिक्षित मत करो, इनके मन में बुद्धि न आये, विचार न उठे। अन्यथा विचार आया, बगावत आई। शिक्षा आई, विद्रोह आया।

विद्रोह का अर्थ क्या है? विद्रोह का अर्थ है, कि अब तुम जिसका शोषण करते हो उसके पास भी उतनी ही बुद्धि है, जितनी तुम्हारे पास। इसलिये उसे वंचित रखो।

उस बदमाश ने बड़ी बढ़िया बात कही। उसने कहा कि लोग मुझे धन देना चाहते हैं और धन मैं लेना नहीं चाहता और इसलिये मुझे बांध दिया है।

गड़रिया निश्चित आदिम रहा होगा, अनुभव से शून्य रहा होगा। बुद्धिमान नहीं था, भोला-भाला था। और भोलापन बुद्धूपन के जैसा था। क्योंकि जो भोलापन अनुभव से न आया हो, वह बुद्धूपन जैसा होता है। उसे सिम्पल नहीं कह सकते, सिम्पलटन! सीधा-सादा, संत नहीं है, वह सीधा-सादा बुद्धू है। क्योंकि इस जगत में कौन है, जो धन नहीं चाहता? और इस जगत में कौन है, जो आपको धन देने के लिये इतना मजबूर करे कि वृक्ष से बांधे? गड़रिया बिलकुल आदिम रहा होगा। गांधीवादी आदिमता रही होगी। न शिक्षित, न धन का कोई पता, न लोगों के जीवन-व्यवहार की कोई प्रतीति—मान लिया उसने।

फिर भी उसे भी थोड़ा शक उठा। उसने कहा कि लोग धन देना चाहते हैं और तुम लेना नहीं चाहते; तुम लेना क्यों नहीं चाहते? क्योंकि इतना तो उसको भी समझ में आया कि अगर मुझे कोई धन दे तो मैं लेना चाहूंगा। यह आदमी क्यों नहीं लेना चाहता?

बदमाश निश्चित ही बुद्धिमान था। उसने कहा, मैं एक धार्मिक आदमी हूं। बात साफ हो गई, कि धार्मिक आदमी धन नहीं लेना चाहता। लेकिन उस गड़रिये को खयाल न आया कि जब भी कोई धार्मिक आदमी धन नहीं लेना चाहता तो लोग उसे बांधते नहीं, उसके पैर पकड़कर पूजा करते हैं।

यही तो हो रहा है। अगर लोगों से पूजा चाहिये हो, धन भर मत लेना, तो लोग पूजेंगे। क्योंकि लोग धन की आकांक्षा से भरे हैं और जब भी वे अपने से विपरीत किसी को देखते हैं तो उसकी पूजा करते हैं। जिसको भी पूजा चाहनी हो, उसे सौदा तय कर लेना पड़ेगा—या तो धन, या पूजा। और समझदार जो हैं, वे पूजा में ज्यादा धन देखते हैं।

उस गड़रिये को यह खयाल न आया कि यह गांव के लोग इसकी पूजा क्यों नहीं करते? इसे मारने के लिये वृक्ष से क्यों बांध रखा है? न, इतनी बुद्धि न थी। इतने विचार न उठे। अन्यथा एक ही अर्थ हो सकता था कि गांव के लोग और भी महा धार्मिक हैं। वे इसको धन भी देना चाहते हैं और न ले तो दंड देने को राजी हैं, मगर धन देकर रहेंगे। गड़रिये की वासना ने उसे पकड़ा। इसे थोड़ा समझ लें।

बुद्धि भला न हो पास, लेकिन वासना तो होती है। यही खतरा है। वासना तो जन्म से मिलती है, बुद्धि शायद शिक्षा से मिल जाती हो, समाज से मिलती हो। वासना तो जन्म से मिलती है। तो बुद्धू से बुद्धू आदमी के पास भी उतनी ही वासना है, जितनी बुद्धिमान के पास। वासना में कोई अंतर नहीं। वासना की दृष्टि से हम सब समान हैं। बुद्धिमान अपनी वासना को पूरा करने के लिये तर्क का उपयोग करता है। बुद्धू उसका उपयोग नहीं कर पाता है, इसलिये शोषित होता है।

इसलिये मार्क्स ठीक कहता है कि जब तक सभी लोग शिक्षित नहीं हो गए हैं, तब तक शोषण जारी रहेगा क्योंकि जो शिक्षित हैं, वे अशिक्षित का शोषण करेंगे। लेकिन एक दूसरी बात मार्क्स को दिखाई नहीं पड़ती। अगर सभी शिक्षित हो जायें तो शोषण बंद नहीं हो जायेगा, सभी शोषण करना चाहेंगे और समाज एक अराजकता होगी, जब तक कि सभी संत न हो जायें। और संत का अर्थ है, सिर्फ निर्बुद्धि रह जाना नहीं, बल्कि बुद्धिमत्ता का पूरा हो जाना।

वह गड़रिया लोभ से भर गया और उसने कहा, अगर ऐसा है तो मुझे बांध दो। मैं धन भी चाहता हूं और तुम धन चाहते नहीं; तो मैं तुम्हें छोड़े देता हूं।

जब भी शोषण करना हो किसी का तो उसे प्रलोभन देना जरूरी है। इसलिये जहां भी प्रलोभन हो, वहां थोड़े सावधान हो जाना। क्योंकि प्रलोभन के बिना तुम्हारा शोषण नहीं किया जा सकता। फिर प्रलोभन बहुत ढंग के हैं। पुरोहित कहते हैं कि अगर तुम दान दोगे तो स्वर्ग मिलेगा। सिर्फ दान देने को कहें तो तुम दान देने वाले नहीं हो। स्वर्ग मिलेगा उसके लिये तुम सौदा कर सकते हो; तब तुम दान दे सकते हो। लेकिन कभी तुमने सोचा, कि दान का अर्थ ही यह होता है कि उसके पीछे कोई मांग न हो।

जो स्वर्ग के लिये दान कर रहा है, वह दान तो कर ही नहीं रहा, सिर्फ सौदा कर रहा है। वहां दान नहीं है। दान का अर्थ तो देना है और मांगना नहीं। दान का अर्थ तो फल की आकांक्षा के बिना देना है। लेकिन यह पुरोहित तरकीब लगा रहा है। यह कह रहा है दान दो, स्वर्ग मिले! गंगा के तट पर लोग समझाते हैं नासमझ गांव के ग्रामीण लोगों को, कि यहां एक पैसा दो, वहां एक करोड़ मिलते हैं। एक करोड़ गुना मिलता है उस पार। यहां दो, उससे एक करोड़ गुना मिलता है।

लोभी का मन डावांडोल हो जाता है—एक करोड़ गुना! और वह है उस पार। वहां से लौटकर कोई कहता नहीं कि वहां मिलता है, या एक पैसा भी हाथ से चला जाता है। चूंकि वहां से कोई लौटकर नहीं कहता, इसलिये शोषण का बड़ा सुगम उपाय है। जब भी किसी का शोषण करना हो तो उसे प्रलोभन देना जरूरी है। और जहां भी प्रलोभन हो, सावधान हो जाना।

धर्म भी प्रलोभन दे रहा है इसलिये वह धर्म नहीं हो सकता। मंदिर, चर्च, पुजारी, पुरोहित, पोप प्रलोभन दे रहे हैं।

एक दिन मैं एक रास्ते से गुजर रहा था। एक सुशिक्षित पढ़ी-लिखी महिला ने मुझे एक छोटी-सी पुस्तिका दी। देखा मैं, खयाल में भी नहीं आया कि यह ईसाइयत के प्रचार की पुस्तिका होगी क्योंकि सामने कोई ईसाइयत का सवाल नहीं था। न ईशू का कोई चित्र था, न क्रॉस था, न कोई चर्च था। सामने एक खूबसूरत बंगला था एक बगीचे में, और ऊपर लिखा था : 'क्या आप भी ऐसा बंगला चाहते हैं?' मैं थोड़ा हैरान हुआ कि यह क्या है? उसको उलटकर देखा तो उसमें पहले बंगले का वर्णन, बगीचे का, सुंदर आकाश का; और अंत में यह है कि इस तरह का बंगला स्वर्ग में उपलब्ध है लेकिन केवल उन्हीं को, जो जीसस के अनुयायी हैं!

सब तरह से प्रलोभन दिये जा रहे हैं। और जहां भी प्रलोभन है वहां समझ लेना कि धर्म नहीं हो सकता। इस बदमाश ने बड़ी कुशलता का काम किया। उसने यह भी न कहा कि मुझे खोलो। गड़रिये ने खुद ही उसे खोल दिया होगा और खुद वृक्ष के पास खड़ा हो गया होगा कि मुझे बांध दो। जब तुम प्रलोभन से भरते हो तो तुम अंधे हो जाते हो। तब तुम्हें होश नहीं होता, तुम क्या कर रहे हो।

सांझ को गांव के लोग इकट्ठे हुए जो बांध गये थे बदमाश को, कि सांझ को पोटली में बंद करके सागर में फेंक देंगे। सांझ के अंधेरे में उन्होंने पोटली बांधी। बेचारे गड़रिये को तो कुछ समझ में भी नहीं आया, क्या हो रहा है! वह समुद्र में फेंक दिया गया।

सुबह भोर होते बदमाश गड़रिये की भेड़ों को लेकर गांव में प्रविष्ट हुआ, गीत गाता। गांव के लोग चकित हुए। उन्होंने कहा कि क्या हुआ? तुम कैसे वापिस?

उसने कहा कि वापिस का क्या पूछते हो? तुम्हारी बड़ी कृपा कि तुमने मुझे समुद्र में फेंक दिया। वहां बड़े प्रेमी और दयालु लोग हैं। उन्होंने खूब स्वागत-सत्कार किया। ये भेड़ें मुझे दे दीं और कहा कि जाओ, और आनंद करो।

जो तरकीब उस बदमाश ने उस गड़रिये के साथ की थी, अब वह उस तरकीब का पूरा उपयोग पूरे गांव के ऊपर किया। फिर देर न लगी होगी। लोग अपने आप ही जाकर समुद्र में कूद गये।

लोभ, मृत्यु बन जाता है। और हम सबके लिये भी लोभ ही मृत्यु बन रहा है। हम सब भी लोभ के कारण ही समुद्रों में कूद रहे हैं और मर रहे हैं और मिट रहे हैं। और हमारी पूरी शिक्षण की व्यवस्था सिर्फ लोभ सिखाती है और कुछ भी नहीं। महत्वाकांक्षा सिखाती है। ज्यादा से ज्यादा कैसे तुम पा सको, इसकी कला सिखाती है।

बिना इसकी चिंता किये कि लोभ मृत्यु में ले जा सकता है, गांव के लोग समुद्र में कूद गये और मर गये। यह बदमाश पूरे गांव का मालिक हो गया। कहानी यहां पूरी हो जाती है क्योंकि इसके आगे कहानी को ले जाना खतरनाक है। लेकिन असली हिस्सा कहानी का छोड़ दिया गया है, ताकि आप कहानी को पढ़ें और असली हिस्से को खुद खोजें।

सभी महत्वपूर्ण कहानियां आधी छोड़ दी जाती हैं क्योंकि अगर बात पूरी कह दी जाये तो आपको खोजने को कुछ भी नहीं बचता। दूसरा हिस्सा महत्वपूर्ण है कि जब कोई भी न बचे और आप गांव के मालिक हो जायें, उस मालकियत का क्या मूल्य है? जब सभी मर गये हों तो उस मरघट के आप मालिक हो जायें, इसका क्या मूल्य है?

वह हिस्सा छोड़ दिया है। सूफी फकीरों ने ठीक ही किया है। उस हिस्से को छुआ नहीं। उसको कहने की जरूरत ही नहीं। कहानी पढ़कर उसे समझने की जरूरत है। जो महत्वपूर्ण है, उसे कहा नहीं जाता। और अगर आप में थोड़ी भी बुद्धि है तो वह दिखाई पड़ जायेगा। और अगर बुद्धि न हो तो वह कहने से भी सुनाई नहीं पड़ेगा। ये कहानियां आपके भीतर विचार को पैदा करने के लिये हैं। ये कहानियां आपके भीतर एक संवेदना जगाने के लिए हैं। एक सत्य की प्रतिध्वनि उठाने के लिये हैं।

क्या अर्थ है, अगर सारा गांव मर जाये और तुम मालिक हो जाओ इसका? क्या मूल्य है? वह आदमी बदमाश तो था, होशियार भी था, लेकिन बहुत बुद्धिमान नहीं था।

अर्जुन ने कृष्ण से यही बात गीता में पूछी है कि ये सारे लोग मर जायेंगे, फिर मैं मालिक भी हो जाऊंगा तो उसका मूल्य क्या है? ये मेरे प्रियजन हैं, सगे-संबंधी हैं, मित्र हैं, इनके साथ मैं बड़ा हुआ, इनके साथ खेला, और अगर मेरे जीवन में कोई सफलता की खुशी भी है तो इनकी मौजूदगी में ही हो सकती है। ये सब मर जायेंगे, इनकी लाशें पड़ी होंगी कुरुक्षेत्र में और मैं विजेता हो जाऊंगा। उस विजय का क्या मूल्य है? वह विजय किसके लिये है? कौन उसको देखकर प्रसन्न होगा? कौन मेरी पीठ ठोकेगा और कहेगा कि ठीक, तुम सफल हुए।

इसमें कई बातें समझ लेने जैसी जरूरी हैं। अकेले में हमारे सम्राट होने का कोई भी अर्थ नहीं है। अकेले में तुम सम्राट हो ही नहीं सकते। अकेले में सिर्फ संन्यासी हो सकते हो। सम्राट को समाज चाहिये। संन्यासी समाज को छोड़ सकता है। इसलिए सम्राट होना दूसरों पर निर्भर है, संन्यासी होना आत्मनिर्भरता है। इसलिये संन्यासियों ने कहा है कि सम्राट गुलामों के भी गुलाम हैं। बात ठीक है, क्योंकि बिना गुलामों के वह सम्राट नहीं हो सकता।

मैंने सुना है कि जुन्नैद एक गांव से गुजर रहा था—एक सूफी। उसके शिष्य उसके साथ थे। वह बीच रास्ते पर खड़ा हो गया। एक आदमी एक गाय को बांधकर गुजर रहा था, जुन्नैद ने अपने शिष्यों से कहा कि बेटो! एक सवाल। यह आदमी इस गाय को बांधे हुए है कि यह गाय इस आदमी को बांधे हुए है? जुन्नैद के शिष्यों ने कहा, आप भी क्या फिजूल की बात पूछते हैं! यह तो साफ है कि आदमी गाय को बांधे हुए है, गाय आदमी को नहीं बांधे हुए।

तो जुन्नैद ने कहा, दूसरा सवाल। अगर यह गाय छूटकर भाग जाये तो यह आदमी उसके पीछे भागेगा, या यह आदमी गाय को छोड़कर भाग जाये तो गाय इसके पीछे भागेगी?

तब जरा शिष्य चौंके। उन्होंने कहा, तब जरा कठिन बात है। अगर यह बीच की रस्सी टूट जाये तो यह आदमी गाय के पीछे भागेगा। यह गाय आदमी के पीछे भागने वाली नहीं। तो जुन्नैद ने कहा, तुम फिर से सोचो; गुलाम कौन किसका है? गुलाम मालिक के पीछे भागेगा। गाय धेला भर भी फिक्र नहीं करेगी कि वह आदमी कहां गया? लेकिन गाय अगर भागे तो वह आदमी पीछा करेगा। गाय उस आदमी के बिना जी सकती है, वह आदमी बिना गाय के नहीं जी सकता। बंधा कौन किससे है? ऊपर से ऐसे ही दिखाई पड़ता है, आदमी गाय को बांधे खींच रहा है। जो लोग भीतर देखेंगे, उन्हें दिखाई पड़ेगा, गाय आदमी को बांधे खींच रही है।

ऊपर से देखने पर सम्राट मालिक; और गुलाम, गुलाम। भीतर से देखने पर सम्राट गुलामों के भी गुलाम। नेताओं को देखें! लगते हैं वे आगे चल रहे हैं। आप गलती में हैं। उनको अनुयायियों के सदा पीछे चलना पड़ता है। बस, वे दिखते हैं आगे चलते। नेता सदा पीछे लौट-लौटकर देखता रहता है, अनुयायी किस तरफ जा रहे हैं! जिस तरफ अनुयायी जा रहे हैं, उसको जल्दी से उसी तरफ मुड़ जाना चाहिये। रहना चाहिये आगे, लेकिन अनुयायियों का रुख देखते रहना चाहिये।

इसलिये कुशल नेता वही है, जो अनुयायी का रुख पहचानता है। अकुशल मुश्किल में पड़ जाता है। अगर नेता को यह भ्रम आ गया कि लोग मेरे पीछे चल रहे हैं, जल्दी ही वह नेता नहीं रह जायेगा। अगर अपनी मौज से उसने चलना शुरू कर दिया और रास्ते चुनने लगा तो भीड़ कहीं और चली जायेगी। नेता होने का सूत्र यही है कि भीड़ के हृदय में जो बात बन रही हो, उसको पहले ताक लेना। भीड़ जिस तरफ जाना चाहती हो, उस तरफ भीड़ के पहले मुड़ जाना। अभी भीड़ को भी पता न हो कि हम कहां जाना चाहते हैं। नेता उसी तरफ जायेगा, जहां भीड़ का अचेतन उसे ले जाना चाहता है।

नेता की कला भीड़ के अचेतन को पहचानने में है।

मुल्ला नसरुद्दीन के संबंध में बड़ी प्रसिद्ध कथा है। वह अपने गधे पर बैठा हुआ गुजर रहा है। बाजार में बहुत लोग खड़े हैं। गधा तेजी से भागा जा रहा है। लोगों ने पूछा कि नसरुद्दीन कहां जा रहे हो इतनी तेजी से?

उसने कहा, मुझसे मत पूछो, इस गधे से पूछो। क्योंकि इसका मालिक रहना हो तो इसका अनुयायी रहना पड़ता है। अगर जरा ही मैंने इसको मोड़ने-माड़ने की कोशिश की कि यह अकड़कर खड़ा हो जाता है! उसी वक्त पता चल जाता है बीच बाजार में, कि मालिक हम नहीं हैं। और बेइज्जती होती है, फजीहत होती है। तो मैं समझ गया हूं कि बाजार से जब भी निकलो, जहां यह जाये, बस बैठे रहो। बाजार के बाहर मैं कोशिश भी करता हूं, लेकिन बाजार में कभी कोशिश नहीं करता; क्योंकि वहां यह फजीहत करवा देता है, अकड़कर खड़ा हो जाता है, बैठ जाता है, लोटने लगता है। वहां पक्का पता चल जाता है कि कौन ताकतवर है। बहुत अनुभव से मैंने यह सीख लिया है कि जिस तरफ यह जाये वहीं अपनी मंजिल है। उसमें हम कम से कम मालिक मालूम होते हैं।

नेता अनुयायी का मालिक मालूम पड़ता है एक कुशलता के कारण—वह कहां जा रहा है! भीड़ का अचेतन कहे कि 'समाजवाद'! इसके पहले कि भीड़ के मुंह से आवाज निकले, नेता को कहना चाहिये, 'समाजवाद।' भीड़ का अचेतन जो कहे, नेता को भीड़ के अचेतन की आवाज होना चाहिये। तत्क्षण नारा दे दे। अगर वह नारा मेल न खाया अचेतन से, नेता जल्दी ही भीड़ में खो जायेगा। नेता नहीं रह सकेगा। नेता अनुयायी का अनुयायी है।

अकेले में तुम नेता नहीं हो सकते। अकेले में तुम सम्राट नहीं हो सकते। अकेले में तुम धनी नहीं हो सकते। और जो तुम अकेले में नहीं हो सकते, उसमें होने में कुछ भी सार नहीं। इस अनुभव का नाम संन्यास है। जो तुम अकेले में हो सकते हो, वही तुम्हारा है। जो तुम अकेले में नहीं हो सकते, वह दूसरों का है। तुम्हें सिर्फ खयाल है कि तुम्हारा है।

तुम जंगल में अकेले बैठे हो, कोहिनूर का ढेर लगा हुआ है, तुम उसके ऊपर बैठे हो।

कोहिनूर की कितनी कीमत है जंगल में, जहां तुम अकेले हो? पत्थर से ज्यादा नहीं। कोई भी पत्थर पर बैठे रहो, या कोहिनूर पर बैठे रहो, कोई फर्क नहीं पड़ता। कोहिनूर का मूल्य समाज में है। नोटों की गड्डियों का ढेर लगा है, तुम उसी पर सोये हो शैया बनाकर--क्या अर्थ है अकेले में? क्योंकि नोट का मूल्य समाज की मान्यता में है।

महावीर जंगल चले जाते हैं। बुद्ध, मोहम्मद, जीसस जंगल चले जाते हैं इसलिये—इस बात की खोज करने, कि जंगल में जाकर जो चीजें व्यर्थ हो जाती हैं वे व्यर्थ थी हीं; भीड़ की वजह से पता नहीं चलता था। जंगल में भी जो चीज सार्थक रहती है, वही बचाने योग्य है। फिर भीड़ में भी वापिस लौट आते हैं, लेकिन अब उसी को बचाते हैं, जो जंगल में भी सार्थक थी। वही तुम्हारी आत्मा है।

यह बदमाश बुद्धिमान तो था लेकिन आधा ही बुद्धिमान था। अगर यह पूरा बुद्धिमान होता तो इस तरह की नासमझी न करता। यह तो आत्मघात हो गया। जब सारा गांव ही कूदकर मर गया सागर में तो अब तुम सम्राट कैसे? सारे मकान तुम्हारे हैं, लेकिन करोगे क्या?

बड़ी मुसीबत में पड़ा होगा। इस बदमाश का थोड़ा सोचें। अगर इसकी कहानी हम आगे बढ़ाएं—बड़ी मुसीबत में पड़ा होगा। इतने सब मकानों की साफ-सफाई रखो। और कोई सार नहीं, और कोई देखने वाला नहीं। इस धन की सुरक्षा रखो और इसका कोई प्रयोजन नहीं; क्योंकि न इससे कुछ खरीद सकते, न कुछ बेच सकते। वे हट गये लोग, जिनके बीच इसका मूल्य था। क्या किया होगा इस बदमाश ने? जहां तक मैं सोच पाता हूं, यह भी कूदकर समुद्र में मर गया होगा और कोई उपाय नहीं इसके लिये बचता। लेकिन अब पूरा गांव ही मर गया तो अब यह क्या करेगा? इसलिये बदमाशी अंततः आत्मघात बन जाती है।

तुम सोचते हो, तुम दूसरे को नुकसान पहुंचा रहे हो। अंततः वह तुम्हें ही नुकसान पहुंचता है। तुम सोचते हो, तुम दूसरे के लिये जहर घोल रहे हो; अंततः वह जहर तुम्हारे ही जीवन में फैल जाता है। क्योंकि यहां कोई दूसरा है नहीं, तुम्हारा ही विस्तार है। तुम जो दूसरों के साथ करते हो, वही तुम अपने साथ कर रहे हो। फासला दिखता है। तुम अलग हो, मैं अलग हूं। लेकिन तुम्हारे गाल पर मैं चांटा मारूं, वह जिनको दिखाई पड़ता है, उनको दिखाई पड़ता है कि वह अपने हाथ से अपने ही गाल पर चांटा मार लिया, क्योंकि तुम मेरे ही फैलाव हो। अगर तुम सब मर जाओगे, तो मैं जी नहीं सकता। अगर तुम सब खो जाओगे तो मैं खो जाऊंगा; क्योंकि हम संयुक्त हैं।

इमेन्युएल कांट ने एक सूत्र बनाया है, जो बड़ा कीमती है। वह सूत्र यह है...नीति का आधार, कांट ने कहा है इस सूत्र को। कांट कहता है कि जो नियम मानने से सार्वभौम न हो सके, यूनिवर्सल न हो सके, वह नियम नैतिक नहीं है। वही नियम नैतिक है, जो सार्वभौम हो सके। इसका अर्थ? इसका अर्थ है कि अगर मैं तुमसे झूठ बोलूं तो क्या मैं कह सकता हूं कि मैं चाहता हूं, सभी लोग एक दूसरे से झूठ बोलें? झूठ बोलने वाला भी यह चाहता है कि तुम उससे झूठ न बोलो। वह भी झूठ में मानता नहीं। झूठ बोलने वाला भी झूठ पकड़ ले तो नाराज होता है कि तुम क्यों झूठ बोले? वह भी मानता है कि सत्य बोलना नीति है। झूठ बोलना अनीति है।

चोर भी आपस में एक दूसरे की चोरी नहीं करते। चोरी को वह नियम नहीं मानते। और

अगर सारे लोग झूठ बोलते हों तो झूठ बोलना मुश्किल है। अगर सारे लोग झूठ में भरोसा करते हों तो बोलना ही मुश्किल है। क्योंकि कोई भी कुछ बोले, दूसरा जानता है कि तुम झूठ बोल रहे हो। तुम कुछ भी बोलो, दूसरा जानता है कि तुम झूठ बोल रहे हो। झूठ चलता है क्योंकि कुछ लोग सच बोलते हैं। झूठ के पैर सच में हैं। झूठ जी नहीं सकता बिना सच के। उसका सहारा सच में है।

इसका अर्थ यह हुआ कि अगर सारे लोगों की हत्या करने को हम नियम मान लें तो यह नैतिक नहीं हो सकता। यह नियम सार्वभौम नहीं हो सकता। इसलिये कांट ने एक बहुत अदभुत बात कही, जो हिंदुओं को बिलकुल समझ में नहीं आती, लेकिन बात उसकी सही है।

कांट कहता है, ब्रह्मचर्य नैतिक नियम नहीं हो सकता, क्योंकि अगर सभी लोग ब्रह्मचारी हो जायें तो ब्रह्मचर्य पालने वाला भी नहीं बचेगा। ब्रह्मचारी होने के लिये भी किसी का अब्रह्मचारी होना जरूरी है। तुम्हारे माता-पिता का कम से कम अब्रह्मचारी होना जरूरी था इसलिये तुम पैदा हुए हो।

तो ब्रह्मचर्य नैतिक नियम नहीं हो सकता—कांट कहता है। उसकी बात बड़ी सच है और बड़ी गहरी है। वह कहता है कि जैसे चोरी नियम नहीं हो सकता, झूठ नियम नहीं हो सकता, वैसे ही ब्रह्मचर्य नियम नहीं हो सकता, क्योंकि चोरी के लिये कुछ लोगों का अचोर होना जरूरी है। झूठ के लिये कुछ लोगों का सच बोलना जरूरी है। ब्रह्मचर्य के लिये कुछ लोगों का अब्रह्मचारी होना जरूरी है। जिस ब्रह्मचर्य के होने के लिये कुछ लोगों का अब्रह्मचारी होना जरूरी हो, जिसके आधार में अब्रह्मचर्य हो, वह कैसे नियम हो सकता है? वह नियम नहीं हो सकता। वह सार्वभौम, यूनिवर्सल नहीं हो सकता। और जो सत्य सबको स्वीकृत न हो सके, और सब के स्वीकार से भी जिसमें जीवन का पौधा बढ़ता रहे, वह सत्य सत्य ही नहीं है।

इस बदमाश ने सोचा तो होगा कि मैंने बड़ा गजब का काम कर लिया; सारा गांव डूब गया। लेकिन देर न लगी होगी इसे समझने में कि यह आत्महत्या हो गई।

क्यों? अगर यह बदमाश साधु होता तो अकेला भी जी सकता था। यह बदमाश साधु नहीं था। इसके जीने के लिये उन सबका होना जरूरी था। इसलिये बदमाश अगर उसकी बदमाशी सफल हो जाये, तो भी पायेगा कि असफल हुआ। अगर उसकी बदमाशी असफल हो तो भी पायेगा कि असफल हुआ। बदमाश कभी सफल होता ही नहीं। वह सदा असफल होता है।

समझो; अगर यह गांव के लोग तरकीब समझ जाते और उसकी पिटाई करते और कहते तू झूठ बोल रहा है तो वह असफल हुआ। गांव के लोगों ने उसको मान लिया और नदी में कूदकर, समुद्र में कूदकर मर गये तो भी वह असफल हुआ।

इससे मैं एक बहुत गहरी बात आपसे कहना चाहता हूं: साधु सदा सफल होता है—चाहे असफल हो, चाहे सफल हो। बदमाश सदा असफल होता है—चाहे सफल हो, चाहे असफल हो। साधु की कोई असफलता नहीं है; हो नहीं सकती। असाधु की कोई सफलता नहीं है; हो नहीं सकती।

मेरे पास लोग आते हैं, वे कहते हैं कैसा संसार है! यहां असाधु सफल हो रहा है, साधु

असफल हो रहे हैं। लोग मुझसे आकर कहते हैं, 'मैं ईमानदार हूं और भूखों मर रहा हूं और बेईमान महलों में रह रहे हैं।'

मैं उनसे कहता हूं, 'यह हो नहीं सकता। भला बेईमान महलों में रह रहे हों, लेकिन महलों में रह नहीं सकते। महलों में घिरे होंगे, लेकिन रह नहीं सकते। क्योंकि महलों में रहनेवाले लोगों को मैं जानता हूं। ना वे सो सकते हैं, ना वे ठीक से खाना खा सकते हैं, ना वे प्रेम कर सकते हैं। महल उनके लिये कारागृह हैं—अपने ही बनाये हुए। किसी और ने उन्हें कारागृह में नहीं डाला है, अपने ही कारण कारागृह में पड़े हैं।

जैसे वह सुबह गड़रिया अपने ही हाथों वृक्ष के पास खड़े होकर बंध गया था। उस गड़रिये को जब वह दिन भर बंधा रहा होगा, क्या ऐसा लगा होगा कि किसी ने मुझे बांधा है? नहीं, वह स्वेच्छा से बंधा था। क्या दिन में उसने ऐसा अनुभव किया होगा कि मैं कारागृह में पड़ा हूं? नहीं, वह तो बड़े आनंद में रहा होगा क्योंकि सांझ धन की वर्षा हो जाने वाली है। जब वासना कहती है कि आनेवाले भविष्य में काफी सुख मिलने वाला है तो तुम कारागृह में भी रहने को राजी हो। तुम अपना कारागृह खुद ही बना लेते हो।

दुनिया में दो तरह के कारागृह हैं। एक, जिन्हें दूसरे तुम्हारे लिये बनाते हैं; और एक, जो तुम खुद अपने लिये बनाते हो। वह धनपति, जो रह रहा है महलों में, न सो सकता है, न खा सकता है, न किसी को प्रेम कर सकता है। वह बिलकुल बंद है, सड़ गया है, मर गया है। वह एक लाश है, जो किसी तरह जी रही है। जैसे-जैसे धन बढ़ता है, वैसे-वैसे नींद खो जाती है। जैसे-जैसे धन बढ़ता है, वैसे-वैसे भूख खो जाती है।

यह बड़े मजे की बात है। जब भूख होती है तो लोगों के पास भोजन नहीं होता और जब भोजन होता है तब भूख नहीं होती। और जब सोने को बिस्तर नहीं होता तो बड़ी गहरी नींद आती है। और जब तक बिस्तर का इंतजाम कर पाते हैं, तब तक नींद खो जाती है। और भूख न हो तो भोजन व्यर्थ है। और नींद न हो तो बढ़िया से बढ़िया शैया भी किस काम की है? गरीब आत्महत्या नहीं करते, अमीर आत्महत्या करते हैं।

मेरे पास लोग आते हैं; वे कहते हैं, इससे तो हमारा भारत ही अच्छा। अमेरिका में इतनी आत्महत्यायें हो रही हैं। मैं उनसे कहता हूं कि इसका कुल मतलब इतना है कि तुम अभी गरीब हो; अभी आत्महत्या के करीब नहीं पहुंचे। अमेरिका अमीर है, आत्महत्या बढ़ रही है। जिस दिन पूरा मुल्क अमीर हो जायेगा, अपने आप लोग समुद्र में कूदकर मर जायेंगे। सभी नहीं मर रहे हैं, इसका मतलब अभी भी काफी गरीब वहां हैं।

गरीब को आशा रहती है, कल कुछ होगा और जीवन में सुख आयेगा। अमीर की आशा टूट जाती है, सब उसके पास है और सुख आया नहीं; अब वह क्या करे? लोगों को लगता है, महलों में रहनेवाले लोग सुखी हैं क्योंकि वे महलों में नहीं हैं, वे झोपड़ों में हैं। जिस दिन महल में पहुंचेंगे उस दिन पता चलेगा, कि सुख की सारी क्षमता ही खो गई। अगर किसी को लगता है, कि मैं नैतिक हूं और दुखी हूं तो इससे एक ही बात सिद्ध होती है कि वह नैतिक नहीं है। क्योंकि नैतिक तो कभी दुखी हो नहीं सकता।

अगर किसी को लगता है, मैं धार्मिक हूं और असफल हूं तो एक बात तय है : कि वह धार्मिक नहीं है क्योंकि धार्मिक कभी असफल नहीं हो सकता। मिले तो जीतता है, हारे तो

जीतता है। धार्मिक की जीत बड़ी अदभुत है। उसे हराने का उपाय ही नहीं है। असफलता हो ही नहीं सकती। क्योंकि धार्मिक का अर्थ है, जो भी हो, उसमें वह संतुष्ट है; इसलिये उसे तुम कैसे असफल करोगे?

लाओत्से बार-बार कहता है कि तुम मुझे हरा न सकोगे क्योंकि मैं जीतना ही नहीं चाहता। तुम मुझे हराओगे कैसे? जो जीतना चाहता है, वह हराया जा सकता है। लाओत्से कहता है, तुम मुझे पराजित न कर सकोगे क्योंकि विजय की मेरी कोई आकांक्षा नहीं। लाओत्से कहता है, जब मैं सभा में जाता हूं तो मैं सब से अंत में बैठता हूं, जहां लोग जूते उतारते हैं क्योंकि वहां से और नीचे उतारे जाने का कोई उपाय नहीं। तुम मुझे वहां से न भगा सकोगे। और तुम भगा भी दो तो मेरा क्या खोयेगा? क्योंकि मैं कोई राज सिंहासन पर नहीं बैठा था। मैं वहां बैठा था, जहां जूते रखे थे। लाओत्से कहता है, मैं अंतिम खड़ा होता हूं ताकि तुम मुझे धक्का न दे सको।

धार्मिक आदमी असंतुष्ट नहीं हो सकता क्योंकि धर्म का सार-सूत्र यही है कि जो भी हो, वह संतुष्ट है। तुम उसे हरा नहीं सकते। हरा भी दो तो वह विजय का उत्सव मनाता हुआ चलेगा। धार्मिक आदमी का प्रतिपल विजय का पल है क्योंकि जीतने की आकांक्षा उसने छोड़ दी। यह विरोधाभासी दिखने वाली बातें, गहरे में सोचने और समझ लेने जैसी हैं।

बुरा आदमी सदा हारता है। सफल हो जाये तो हारता है, असफल हो जाये तो हारता है।

यह बदमाश असफल होता तो हारता। यह बदमाश पूरी तरह सफल हो गया तो भी हार गया। सांझ, रात इसने भी समुद्र में कूदकर आत्महत्या कर ली होगी। जब लोग न हों तो बदमाशी किसके साथ करियेगा? इसकी सारी कुशलता बेकार हो गई।

साधुता अकेले हो सकती है। क्योंकि साधुता ऐसा दीया है, जो बिन बाती बिन तेल जलता है। असाधुता अकेले नहीं हो सकती। उसके लिये दूसरों का तेल और बाती और सहारा सब कुछ चाहिये। असाधुता एक सामाजिक संबंध है। साधुता असंगता का नाम है। वह कोई संबंध नहीं है, वह कोई रिलेशनशिप नहीं है। वह तुम्हारे अकेले होने का मजा है।

इसलिये साधु एकांत खोजता है, असाधु भीड़ खोजता है। असाधु एकांत में भी चला जाये तो कल्पना से भीड़ में होता है। साधु भीड़ में भी खड़ा रहे तो भी अकेला होता है। क्योंकि एक सत्य उसे दिखाई पड़ गया है कि जो भी मेरे पास मेरे अकेलेपन में है, वही मेरी संपदा है। जो दूसरे की मौजूदगी से मुझमें होता है, वही असत्य है; वही माया है। वह वास्तविक नहीं है; उसे मैं ले जा नहीं सकता।

तुम मेरे पास आते हो और मुझे प्रेम जगता है, यह प्रेम झूठा है। क्योंकि तुम चले जाते हो, यह प्रेम चला जाता है। यह प्रेम तुम लाये थे, तुम्हीं ले गये। यह प्रेम ऐसा था, जैसे मेरे दर्पण में तुम्हारा चेहरा दिखाई पड़ा। तुम हट गये, चेहरा खो गया। यह प्रेम मेरा नहीं है। अगर यह मेरा होता तो तुम आते या न आते इससे कोई भेद न पड़ता। तुम न आते तो भी यह प्रेम जलता रहता। जैसे एकांत में दीया जलता हो, उसकी रोशनी जलती है।

कोई निकले या न निकले, अकेले रास्ते पर फूल खिलता है, उसकी सुगंध फैलती रहती है। लेकिन तुम पास आये और फूल में सुगंध आ गई; और तुम गये और फूल की सुगंध खो गई, तो यह सुगंध झूठी है। तुमने इत्र लगाया होगा। फूल धोखे में पड़ा है।

तुम मेरे पास आओ और मेरा प्रेम जगे तो वह प्रेम तुम लेकर आये और तुम ही उसे ले जाओगे। इसलिये हम प्रेमियों के निर्भर हो जाते हैं। तुम्हारी प्रेयसी नहीं होती, तुम्हारे जीवन का रस खो जाता है। वह रस तुम्हारा है ही नहीं। और बड़े मजे की बात यह है कि तुम्हारी प्रेयसी का भी तुम खो जाओ तो रस खो जाता है; उसके भीतर भी रस नहीं है। और जब दोनों के भीतर रस नहीं है तो तुम दोनों पास आकर रस पैदा कैसे करते हो?

मैं निरंतर कहता हूं, यह ऐसे है, जैसे दो भिखारी एक-दूसरे के सामने अपना भिक्षापात्र किये खड़े हों—इस आशा में कि दूसरा कुछ देगा। आशा ही है। क्योंकि दूसरा भी भिक्षापात्र लिये खड़ा है। वह भी देनेवाला नहीं है, वह भी मांगने ही आया है। दोनों धोखे में हो। और जब भी धोखा टूटता है तब तुम एक-दूसरे से नाराज होते हो कि क्यों मेरा इतना समय खराब किया? पहले क्यों न बता दिया कि तुम भी भिक्षापात्र लिये हो?

प्रेमी अकसर दुख में पड़ते हैं। जिस दिन भी भिक्षापात्र दिखाई पड़ते हैं उस दिन प्रेमी सोचता है, प्रेयसी ने धोखा दिया; प्रेयसी सोचती है, प्रेमी ने धोखा दिया। तब वे दूसरे प्रेमी और प्रेयसियों की तलाश में निकल जाते हैं। लेकिन बुनियादी बात फिर भी वही रहेगी। नया भिखारी थोड़ी देर धोखा देगा, क्योंकि भिक्षापात्र छिपायेगा, लेकिन कब तक छिपायेगा? वह भी तुम्हारे पास इसीलिये आया है, तुम भी उसके पास इसीलिये गये हो। तुम भी भिक्षापात्र छिपाओगे। जब आश्वस्त हो जाओगे कि अब यह भागनेवाला नहीं, तब भिक्षापात्र निकालोगे; लेकिन तभी विषाद घेर लेगा।

तुम्हारा प्रेम, तुम्हारी खुशी, सब दूसरे पर निर्भर है। घर कोई मित्र मिलने नहीं आता तुम उदास हो जाते हो। मित्र आ जाते हैं, तुम बड़े उत्सव में हो जाते हो। यह उत्सव झूठा है, ऊपर-ऊपर है, रंगरोगन किया हुआ है। यह तुम्हारे हृदय का नृत्य नहीं है। यह तुम्हारी धड़कनों से नहीं आता। यह तुम्हारे प्राणों का स्वर-संगीत नहीं है।

साधु का अर्थ है, इस सत्य को खोज लेना—जितने जल्दी हो सके। तब फिर समाज पर तुम निर्भर नहीं हो। समाज में रहो या छोड़ दो, इससे कोई फर्क नहीं पड़ता। तब तुम उसी संपदा की खोज करते हो, जो तुम्हारी है। जो किसी के भी हटने से छिनेगी नहीं। सब चले जायेंगे, सब सागर में कूद जायेंगे, तो भी तुम्हारी बांसुरी बजती रहेगी।

वह बदमाश बांसुरी बजा नहीं सकता क्योंकि बदमाश दूसरे पर निर्भर है। जितना ज्यादा बदमाश, उतना दूसरे पर ज्यादा निर्भर। उस असाधु को आत्महत्या करनी होगी। काश, वह साधु होता तो एकांत महोत्सव हो जाता। यह कहानी सीधी साफ है।

तीन सूत्र खयाल रख लें।

एक, अगर दूसरे को धोखा देने निकले—असफल हुए तो भी असफल होओगे; अगर पूरे सफल हुए तो भी असफल होओगे।

दूसरा, बुद्धिमानी का उपयोग दूसरे को गड्ढे में गिराने के लिये मत करना। दूसरे के लिये गड्ढा मत खोदना। क्योंकि आखिर में पाओगे कि अपनी ही कब्र खुद गई।

और तीसरी बात, संपदा जो दूसरे के विनाश से मिलती हो, दूसरे की मृत्यु से आती हो, या दूसरे के जीवन से आती हो, दूसरे पर निर्भर हो, उसे संपदा मत मानना। अन्यथा जिस दिन तुम सफल होओगे, उस दिन आत्महत्या के अतिरिक्त कोई मार्ग न बचेगा। उसको

खोजना जो तुम्हारा है और सदा तुम्हारा है; स्वतंत्र है; किसी पर निर्भर नहीं है, ताकि तुम मालिक हो सको।

तुम उसी दिन आत्मवान बनोगे, जिस दिन तुम्हारा दीया बिन बाती बिन तेल जलेगा। न तुम तेल मांगने जाओगे, न तुम बाती मांगने जाओगे। सब खो जाये—थोड़ा सोचना—सब खो जाये, तो भी तुम्हारे होने में रत्ती भर फर्क न पड़े—बस, तुम जिन हो गये। तुम बुद्ध हो गये। वह जो बुद्ध बोधिवृक्ष के नीचे बैठे हैं, उनको हमने परमात्मा कहा है, भगवान कहा है, सिर्फ इसीलिये कि उस क्षण में उन्होंने उसको पहचान लिया, जो अब सबके खो जाने से, सब नष्ट हो जाने से भी नष्ट नहीं होगा। उन्होंने समाज-मुक्त को पहचान लिया। उन्होंने दूसरे से स्वतंत्र को पहचान लिया—वह, जो दूसरे की सीमा के बाहर है, जो दूसरे से मिलता नहीं। उन्होंने 'बिन बाती बिन तेल' जलने वाले दीये की पहली झलक पा ली।

वह दीया तुम्हारे भीतर जल रहा है, लेकिन जब तक तुम्हारी आंखें दूसरों पर लगी रहेंगी, तब तक तुम उस दीये से परिचित नहीं हो सकते। तुम्हारी आंख भीतर मुड़नी चाहिये, दूसरों से मुक्त होनी चाहिये। दूसरों से मुक्त होना संन्यास है—दूसरों को छोड़ना नहीं, दूसरों से मुक्त होना। छोड़ने वाला शायद मुक्त नहीं होता क्योंकि वह भाग जाये ज़ंगल, तो भी दूसरे की ही सोचता रहता है। जिसको छोड़ आया है उसकी याद आती है; अकसर ज्यादा आती है।

पत्नी को मायके भेज दो, उसकी याद ज्यादा आती है। फिर उसके दुर्गुण दिखाई नहीं पड़ते, सदगुण दिखाई पड़ने लगते हैं। इसलिये पत्नी को कभी-कभी मायके भेजना बिलकुल जरूरी है। अगर तलाक बचाना हो, तो साल में दो-तीन महीने पत्नी को मायके भेज देना बिलकुल जरूरी है। वह भी ताजी होकर आ जायेगी, तुम्हारे गुण देखने लगेगी। तुम भी ताजे होकर उसके गुण देखने लगोगे। तीन महीने बाद फिर से 'हनीमून' हो सकता है। एक दो दिन चलेगा। फिर दुर्गुण दिखाई पड़ने शुरू हो जायेंगे।

जंगल तुम भाग जाओ तो और भी याद आयेगी। जंगल भागे संन्यासी मेरे पास आते हैं, तो वे कहते हैं, बड़ी मुश्किल है। सिवाय स्त्री के कुछ याद नहीं आता। स्त्री ही चक्कर काटती है। मस्तिष्क पूरा का पूरा कामुकता से भर जाता है—भरेगा; क्योंकि समाज छोड़कर भागने का सवाल नहीं है, समाज से मुक्त होने का सवाल है।

मुक्ति बड़ी और बात है। मुक्ति तो इस अनुभव से आयेगी कि तुम धीरे-धीरे उस संपदा की खोज करो अपने भीतर, जो तुम्हारी है; जो तुम लेकर पैदा हुए और ज़ो तुम मरते वक्त साथ ले जाओगे; जो जन्म के पहले भी थी और मृत्यु के बाद भी होगी। ज़िसको तुमने किसी से लिया नहीं है, जो उधार नहीं है। जो तुम्हारा अपना होना है, तुम्हारी अपनी संपदा है, वही आत्मा है।

आज इतना ही।

मूल पुस्तक 'बिन बाती बिन तेल' का आठवां प्रवचन

चौथा प्रवचन

जहां वासना, वहां विवाद

भगवान!
एक आदमी था, जो जानवरों की भाषा समझता था।
वह एक दिन किसी रास्ते से जा रहा था।
वहां एक गधा और एक कुत्ता आपस में बड़े जोर-जोर से झगड़ रहे थे।
कुत्ता कह रहा था, 'बंद करो ये घास और चारागाह की बातें!
कुछ खरगोश या हड्डियों के संबंध में कहो। मैं तो उकता गया हूं।'
उस आदमी से न रहा गया और वह बोला,
'सूखी घास का उपयोग भी तो किया जा सकता है;
जो गोश्त जैसा ही होगा।'
वे दोनों जानवर उसकी ओर मुड़े; उसके शब्द न सुनाई पड़े
इसलिये कुत्ता पूरी ताकत से भौंकने लगा,
और गधे ने जोर से लात मारकर
उस आदमी को बेहोश कर दिया।
और फिर वे अपने झगड़े में उलझ गये।
भगवान! मजनू कलंदर की इस बेबूझ कहानी का अर्थ क्या है?

मजनू कलंदर ने जीवन के बहुंत अनुभवों के बाद इस कहानी को लिखा होगा। कहानी की एक-एक पर्त को उघाड़ना जरूरी है।

पहली बात : संसार हमारे लिए उतना ही है जितनी हमारी वासना है, जैसी हमारी वासना है। हम पूरे संसार को नहीं देख पाते क्योंकि हमारी आंख पर हमारी वासना का चश्मा है। वही हमारी सीमा है।

लोग कहते हैं, संसार सीमित है और परमात्मा असीम है; लेकिन परमात्मा क्या इस सीमित संसार के बाहर है? वह यहीं छिपा है, यहीं तुम्हारे पड़ोस में बैठा है। फिर संसार सीमित कैसे होगा, जब असीम ने उसे निर्मित किया? और जब असीम उसमें छाया है, छिपा है तो संसार भी सीमित नहीं हो सकता।

सीमित दिखाई पड़ता है क्योंकि हमारी वासना पूरे को नहीं देखती। हमारी वासना उतने को ही देखती है, जितने से हमारी वासना का संबंध है। गधे को संसार घास से ज्यादा नहीं। कुत्ते को संसार हड्डी और मांस में है। तुम अपनी वासना से पूछो तो तुम्हें पता चल जायेगा, तुम्हारा संसार कितना बड़ा है।

मजनू कलंदर ने इस तरह की बहुत सी कहानियां कहीं हैं। यह आदमी अनूठा था। उसने लिखा है कि एक दिन मैंने सुना कि एक बिल्ली और कुत्ते में विवाद हो रहा था। और कुत्ता कह रहा था, कि रात मैंने ऐसा अदभुत सपना देखा, जैसा कि कहानियों में भी खोजना मुश्किल है। बड़ा अनूठा सपना था। वर्षा हो रही है, लेकिन वर्षा पानी की नहीं हो रही है, हड्डियां बरस रही हैं, मांस के टुकड़े बरस रहे हैं। ऐसा गजब का सपना था।

बिल्ली ने कहा, छोड़ो बकवास! शास्त्रों से मेरा परिचय है। इतिहास की मैं जानकार हूं।

यह तो हमने सुना है कि कभी-कभी वर्षा में चूहे बरसते हैं, लेकिन हड्डी और मांस कभी बरसते न सुना है, न देखा है।

बिल्ली जिस संसार को देखती है, वहां वह चूहे की तलाश कर रही है; वही उसका सपना है। बिल्ली और कुत्तों के सपने एक नहीं हो सकते क्योंकि उनकी वासनायें अलग हैं। और बिल्ली का संसार चूहे पर समाप्त हो जाता है; चूहा उसकी सीमा है।

तुम्हारा संसार भी तुम्हारी वासना पर समाप्त हो जाता है। इसलिये बुद्धों ने कहा है, जब तक तुम्हारी सब वासनाएं न गिर जायें, तब तक तुम सत्य को न देख सकोगे। तब तक तुम सत्य को उतना ही देखोगे, जितना तुम्हारी वासना के लिये जरूरी है। वह अधूरा होगा। और अधूरे सत्य असत्य से भी ज्यादा खतरनाक होते हैं। अधूरे सत्य मालूम तो होते हैं सत्य हैं, लेकिन चूंकि वे अधूरे होते हैं, और अधूरों को हमारा मन पूरा मान लेता है; वहीं भ्रांति हो जाती है।

संसार परमात्मा से अलग नहीं है, संसार परमात्मा का उतना हिस्सा है, जितना तुम्हारी वासना देखती है। इसलिये कुत्ते का संसार अलग है, बिल्ली का संसार अलग है, तुम्हारा संसार अलग है। एक पुरुष का संसार अलग है, एक स्त्री का संसार अलग है क्योंकि उनकी दोनों की वासनायें बड़ी भिन्न हैं। जो पुरुष को दिखाई पड़ता है, वह स्त्री को दिखाई नहीं पड़ता। जो स्त्री को दिखाई पड़ता है, वह पुरुष को दिखाई नहीं पड़ता।

एक स्त्री का गला खराब था, खांसी-सर्दी-जुकाम था और दो-तीन दिन से वह निरंतर खांस रही थी। पति रात सो भी नहीं सकता था। सुबह उसने कहा, अब तुम चिंता न करो, आज तुम्हारे गले के लिए कुछ ले ही आऊंगा। उसने कहा कि जरूर ले आना। वही जड़ाऊं हार, जो देखा था दुकान पर।

संसार अलग है। गले के लिये दवा पति ले आयेगा, यह तो खयाल ही पत्नी को नहीं आया। आया खयाल, हार—जड़ाऊ हार जो बहुत दिन पहले देखा था। और हो सकता है उसी जड़ाऊ हार की वजह से रातभर खांसना पड़ रहा हो। और यह भी हो सकता है, जड़ाऊ हार दवा से ज्यादा उपयोगी सिद्ध हो। शायद दवा हार भी जाये खांसी मिटाने में, लेकिन जड़ाऊ हार खांसी को मिटा देगा।

हम वही देखते हैं, जो हम चाहते हैं। चाह हमारे देखने का द्वार है। चाह से देखा गया सत्य संसार है। अ-चाह से देखा गया संसार सत्य है। इसलिये जब तक चाह न गिर जाये तब तक तुम वह न देख सकोगे जो है: 'दैट व्हिच इज़'। तब तक तुम वही देखते रहोगे, जो तुम चाहते हो। इसलिये इस दुनिया में एक संसार नहीं है, यहां जितनी वासनायें हैं, उतने ही संसार हैं। और हर व्यक्ति अपने ही वासना के संसार में जीता है। तुम उसी से दबे, उसी से घिरे; जैसे कंबल लपेटा हो तुम्हारे चारों तरफ, वैसे तुम्हारी वासनायें तुम्हारे चारों तरफ लपटी हैं, वही तुम्हारा संसार है।

यह कहानी कलंदर की बड़ी अर्थपूर्ण है। यह कह रही है कि गधे की अपनी दुनिया है, कुत्ते की अपनी दुनिया है। और जब भी दो दुनियाओं का मिलन होगा तो विवाद होगा। विवाद इसलिये नहीं कि एक को सत्य का पता चल गया है, विवाद इसलिये है कि दोनों की चाह भिन्न हैं, दोनों के देखने के ढंग भिन्न हैं।

दुनिया में जितने विवाद हैं, वह कोई सत्य की उपलब्धि के कारण नहीं हैं, वह चाहों की भिन्नता के कारण हैं।

दूसरी बात यह समझ लेनी जरूरी है कि जिसने सत्य पा लिया उसका विवाद समाप्त हो गया। महावीर से कोई जाकर कहता है कि ईश्वर है? तो महावीर कहते हैं 'स्यात्।' कोई कहता है ईश्वर नहीं है, तो भी महावीर कहते हैं, 'स्यात्।' न तो महावीर 'हां' कहते हैं, न 'ना' क्योंकि महावीर देख रहे हैं कि सत्य इतना बड़ा है कि सभी की आकांक्षाएं उसमें समा जाती हैं।

वह जो आदमी कह रहा है, ईश्वर है, यह भी आकांक्षा है। इसे हम समझें। वह जो आदमी कह रहा है कि ईश्वर नहीं है, यह भी आकांक्षा है। कुछ आकांक्षायें हैं, जो कि ईश्वर के होने से पूरी नहीं हो सकतीं। कुछ आकांक्षायें हैं जो ईश्वर हो तो ही पूरी हो सकती हैं। तुम्हारा ईश्वर भी तुम्हारी आकांक्षाओं का उपकरण है; तुम्हारी वासनाओं का दास है।

जब तुम प्रार्थना करते हो मंदिरों-मस्जिदों में तो तुम क्या कह रहे हो? तुम परमात्मा से कह रहे हो, कि मेरी सेवा में संलग्न हो जाओ। यह मैं चाहता हूं, यह मुझे मिलना चाहिए। तुम्हारी प्रार्थनायें तुम्हारी मांग हैं। तुम्हारी प्रार्थनायें तुम्हारी वासनायें हैं। और प्रार्थना वासना कैसे हो सकती है? वासना प्रार्थना कैसे बनेगी? इसलिये मंदिरों में तुम कभी नहीं जाते, तुम दुकानों में ही जाते हो। कुछ दुकानों का नाम तुमने मंदिर रख छोड़ा है, यह बात अलग। जो तुम्हें बाजार में नहीं मिल सकता, उसे तुम खरीदने मंदिर में जाते हो। जिसके लिये तुम संसार में हार गये, थक गये, उसके लिये तुम मंदिर में तलाश करने लगते हो।

मेरे पास अनेक लोग आते हैं; उनकी अनेक आकांक्षायें हैं। उनकी आकांक्षायें देखकर मैं हैरान होता हूं। एक आदमी आया और उसने कहा कि मेरी एक प्रार्थना मैंने की है, अगर तीन सप्ताह के भीतर पूरी हो गई तो मैं मान लूंगा कि ईश्वर है; और अगर नहीं पूरी हुई तो सब बकवास है। उसके बेटे को नौकरी मिल जाये, तीन सप्ताह के भीतर। तो उसने तय किया है कि मंदिर में एक नारियल चढ़ायेगा, प्रसाद बांटेगा। परमात्मा भी सिद्ध होगा तुम्हारी वासना के पूरे होने से! तो कुछ लोग हैं, जो परमात्मा का सहारा ले रहे हैं वासना पूरा करने के लिये और कुछ लोग हैं, सोचते हैं अगर परमात्मा है तो वासना पूरा करना बहुत मुश्किल पड़ेगा। इसलिये वे इनकार करते हैं कि परमात्मा है ही नहीं।

हिटलर जैसा व्यक्ति कैसे स्वीकार करे कि परमात्मा है? क्योंकि हिटलर जो आकांक्षा पूरी करना चाहता है, वह परमात्मा के होने से पूरी न हो सकेगी। इसलिये हिटलर को स्वीकार ही करना चाहिए कि कोई परमात्मा नहीं है, कोई आत्मा नहीं है। एक दफा यह बात साफ हो जाये कि न कोई परमात्मा है, न कोई आत्मा है, तो हिटलर फिर लाखों लोगों की हत्या आसानी से कर सकता है। अगर परमात्मा है, आत्मा है, तो एक चींटी को भी मारना मुश्किल है। क्योंकि तब चींटी की पीड़ा भी अर्थ रखती है और आखिरी हिसाब में वह भी जुड़ जायेगा।

हिटलर मौज से काट सका लोगों को। कोई लाखों यहूदी हिटलर ने काटे। चिंता की रेखा भी न आई। रात नींद में दखल भी न पड़ी। इतनी चीखें-पुकारें जगत में कभी किसी एक आदमी ने इसके पहले पैदा नहीं की थीं। और इतना सुनियोजित हत्या का आयोजन भी किसी ने कभी नहीं किया था। बड़ी-बड़ी भट्टियां बनाईं बिजली की। जिनमें एक-एक भट्टी में दस

हजार लोग एक साथ जलकर राख हो जायें—एक सेकेंड में! ऐसा कभी भी न हुआ था। चंगीज को भी मारना पड़े तो एक-एक आदमी को मारने काफी वक्त लगता था। हिटलर ने भट्टियां बनाईं। सीधे लोग प्रवेश कर जायें, बटन दबाई कि राख हो गये। ये भट्टियां चौबीस घंटे काम करती थीं। चौबीस घंटे हजारों की संख्या में लोग भीतर जाते और तिरोहित हो जाते। लेकिन यह हिटलर कर सका क्योंकि आत्मा और ईश्वर नहीं है।

नीत्शे ने हिटलर के पहले कहा था कि 'गॉड इज़ डेड;' 'ईश्वर मर चुका है।' इसको हिटलर ने अपना सूत्र बना लिया। नीत्शे उसका गुरु हो गया। इस धारणा के आधार पर सारी दुनिया को मिटाने में फिर कोई हर्ज नहीं है, क्योंकि मिट्टी ही गिरती है। कोई भीतर चेतना होती तो दुख भी अनुभव करती। कोई दुख नहीं। और पाप, अपराध का कोई भाव पैदा नहीं होता।

जो आदमी महावीर के पास आया और जिसने कहा कि ईश्वर है? महावीर ने झांककर उसमें देखा होगा कि वह क्यों चाहता है कि ईश्वर हो। क्योंकि तुम ईश्वर को भी मुफ्त स्वीकार नहीं करोगे। कोई कारण होगा। जिस दिन तुम बिना कारण ईश्वर को स्वीकार कर लोगे, उस दिन तो बिन बाती बिन तेल की ज्योति उपलब्ध हो जायेगी। लेकिन यह आदमी किसी मतलब से कह रहा है कि ईश्वर है। ईश्वर का कोई उपयोग करना चाहता है। इसकी कोई वासना बिना ईश्वर के पूरी नहीं होती। इसलिये कमजोर अकसर ईश्वर को स्वीकार करते हैं, शक्तिशाली अकसर अस्वीकार करते हैं। क्योंकि कमजोर को सहारा चाहिए और शक्तिशाली को ऊपर नियंत्रण नहीं चाहिए। कमजोर को सहारा चाहिए और शक्तिशाली को कोई सहारा नहीं चाहिए; बल्कि कोई बाधा डालने वाला ऊपर न हो। तो ईश्वर को शक्तिशाली अकसर इनकार करता है।

अब यह बड़े मजे की बात है; नीत्शे ने दो तरह की नीतियां कही हैं। एक नीति है, मालिकों की और एक नीति है, गुलामों की। गुलाम हमेशा ईश्वर को स्वीकार करते हैं, और मालिक हमेशा अस्वीकार करते हैं। अगर वे स्वीकार भी करते हैं तो सिर्फ गुलामों के लिए। भीतर वे जानते हैं कि कोई ईश्वर नहीं है। अगर वे मंदिर भी जाते हैं तो गुलामों के लिये, ताकि लोग मामते रहें कि ईश्वर है। क्योंकि लोग ईश्वर को मानते रहें तो बगावत न करेंगे। लोग ईश्वर को मानते रहें तो तंत्र को तोड़ेंगे नहीं। लोग ईश्वर को मानते रहें तो सम्राट को प्रतिनिधि मानेंगे। लोग ईश्वर को नहीं मानेंगे तो ज्यादा देर नहीं लगेगी, सम्राट भी विदा हो जायेगा।

जीवन में एक श्रृंखला है सिद्धांतों की। जब तक ईश्वर है, तब तक सम्राट रह सकता है। ईश्वर गया कि सम्राट ज्यादा देर नहीं टिकेगा, क्योंकि जब ईश्वर तक सिंहासन से उतर जाता है तो सम्राट की क्या हैसियत है? वह भी उतारा जायेगा। एक बार यह पता चल जाये कि जनता के हाथ में है सिंहासनों से उतारना-चढ़ाना; फिर कोई सिंहासन पर नहीं हो सकता; फिर अंततः अराजकता होगी। लोकतंत्र तो बीच का पड़ाव है। तानाशाही...? ईश्वर सिंहासन पर है, तो सम्राट उसके प्रतिनिधि हैं। ईश्वर हटा तो प्रतिनिधि व्यर्थ हो गये। लोकतंत्र बीच का पड़ाव बन जाता है। और लोकतंत्र सभी जगंह मुश्किल में है क्योंकि यह बीच का पड़ाव है; अंत तक जाना होगा। अराजकता अंतिम पड़ाव होगी।

नीत्शे कहता है, गुलामों को तो समझाना कि ईश्वर है। इस भूल में कभी मत पड़ना उनको समझाने की, कि ईश्वर नहीं है। क्योंकि उनके लिये ईश्वर एक सुरक्षा भी है। उनके लिये ईश्वर एक आश्वासन भी है। उनके लिये ईश्वर भविष्य का भरोसा भी है। आज तो उनकी जिंदगी में कुछ भी नहीं है। कल का भरोसा भी छिन जाये तो वे बगावत कर उठेंगे।

मार्क्स ने कहा है कि दुनिया के सर्वहाराओ, इकट्ठे हो जाओ! क्योंकि तुम्हारे पास सिवाय जंजीरों के और कुछ खोने को है भी नहीं। अगर तुम सब खो भी दोगे तो सिवाय जंजीरों के कुछ भी न खोएगा।

इसलिये मार्क्स ने दूसरी बात भी कही है कि ईश्वर गरीब के लिये अफीम है। क्योंकि जब तक ईश्वर है, तब तक गरीब बगावत नहीं करेगा। क्योंकि वह भरोसा करता है कि आज दुख है, कोई हर्ज नहीं, कल सुख होगा। आज ईश्वर परीक्षा ले रहा है, आज दुख दे रहा है, कल सुख देगा। अगर मैं परीक्षा में ठीक से उत्तीर्ण हो जाऊं, आज्ञाकारी की भांति उत्तीर्ण हो जाऊं, तो मेरे सुख के दिन ज्यादा दूर नहीं हैं। एक कमजोर की नीति है, जो ईश्वर को मानती है।

एक शक्तिशाली की नीति है कि अगर ईश्वर हो तो उसे बाधा पड़ती है, क्योंकि उसका अर्थ हुआ कि ऊपर कोई निर्णायक है। मैं क्या कर रहा हूं, इसका भी कोई निर्णय करने वाला होगा। कोई और बड़ी अदालत है, जहां मैं भी खड़ा होऊंगा। मैं उत्तरदायी हूं किसी के प्रति। इसलिये शक्तिशाली ईश्वर को मानना नहीं चाहता। अगर मानता है तो वह सिर्फ धोखा देता है।

महावीर क्या करें? एक आदमी पूछता है, ईश्वर है! महावीर कहते हैं, 'स्यात्' हो! एक आदमी पूछता है, 'ईश्वर' नहीं है? महावीर कहते हैं, 'स्यात्' न हो! क्योंकि महावीर की अपनी कोई वासना नहीं बची, कोई चश्मा नहीं बचा। महावीर अब उसे देख रहे हैं, जो है। और यह लोग अपनी-अपनी वासनाएं देख रहे हैं। इनसे क्या कहो?

महावीर ने सप्तभंगि न्याय को जन्म दिया। महावीर एक प्रश्न का उत्तर सात ढंग से देने लगे। तुम किसी से पूछो ईश्वर है, तो तुम चाहते हो, 'हां' या 'ना' में जवाब हो। महावीर सात उत्तर देंगे क्योंकि महावीर कहते हैं, प्रत्येक दृष्टि अधूरी है और सात तरह की दृष्टियां हो सकती हैं। आदमी सात ढंग से देख सकता है। तो महावीर ने अपने उत्तरों में सातों ढंग इकट्ठे कर दिये ताकि सातों दृष्टियां जुड़ जायें, तो पूरे का दर्शन हो सके। दृष्टि मात्र अंश है।

वह जो गधे और कुत्ते में विवाद है, दृष्टियों का विवाद है। सभी विवाद दृष्टियों के विवाद हैं।

महावीर से तुम विवाद न कर सकोगे; क्योंकि महावीर सभी दृष्टियों को स्वीकार करते हैं। तुम उनसे जो भी कहोगे, वे कहेंगे हां, यह भी सच है। महावीर कहते हैं, यह तो कभी कहना ही मत—यही सच है; क्योंकि यहीं भूल हो जाती है। इतना ही कहना, यह भी सच है, ताकि विपरीत के सच होने की सुविधा बनी रहे।

तुम्हारी वासनाएं द्वंद्वात्मक हैं। हर वासना की विपरीत वासना तुम्हारे भीतर है। आज तुम एक वासना से देखते हो, स्त्री सुंदर मालूम पड़ती है। कल तुम इसी स्त्री को दूसरी वासना से देखोगे, यही स्त्री कुरूप हो जायेगी। आज लोभ से देखते हो, धन बड़ा बहुमूल्य मालूम पड़ता है। कल त्याग से देखोगे, धन निर्मूल्य हो जाएगा।

चीन में एक बहुत बड़ा धनपति हुआ। उसने बहुत धन इकट्ठा किया, फिर उसे व्यर्थता भी दिखाई पड़ी। जब बहुत इकट्ठा हो जाये तो व्यर्थता दिखाई पड़ती ही है। सब उसके पास था और लगा कि कुछ पाया नहीं। धन के ढेर लग गये और भीतर की गरीबी न मिटी। भिक्षापात्र भरता गया लेकिन बड़ा होता गया। उसके भरने की कोई सीमा ही न मालूम पड़ी। थक गया, ऊब गया। जिंदगी मौत के करीब आ गई। लोभ छूटा, त्याग का जन्म हुआ। तो उसने अपने सारे बहुमूल्य हीरे-जवाहरात, स्वर्ण की अशर्फियां, बड़ी नावों में भरवाई और जाकर बीच सागर में उनको डुबवा दिया। बौद्ध भिक्षु उससे कहने आये कि यह तुमने क्या किया? यह तो बुद्ध ने भी नहीं किया। अगर तुम्हें व्यर्थ हो गया था धन, तो नदी में डुबाने की क्या जरूरत थी? अभी बहुत लोग हैं, जिन्हें व्यर्थ नहीं हुआ, उन्हें बांट देते।

वह आदमी हंसने लगा और उसने कहा, कि जो भूल मैंने की, वही भूल दूसरे भी करें, इसकी मैं व्यवस्था न करूंगा। एक दिन लगता था मुझे धन सार्थक है तो मैंने चारों तरफ पहरा लगाया था। लोहे की तिजोरियां बनवाई थीं। अब लगता है कि धन निरर्थक है, तो समुद्र में उड़ेलने के सिवाय मेरे पास कोई उपाय नहीं। मैं इसे बांटूंगा नहीं, क्योंकि जो मुझे गलत हो गया, उसे मैं किसे दूं? और जो मेरे लिये व्यर्थ हो गया, उसे मैं किसी के सिर पर क्यों बोझ बनाऊं?

एक लोभ की वृत्ति है, वह भी एक दृष्टि है; फिर एक त्याग की वृत्ति है, वह भी एक दृष्टि है। यह आदमी अनूठा मालूम पड़ता है। यह लोभ से त्याग में नहीं गया, इसने दोनों दृष्टियां छोड़ दीं। नहीं तो यह मजा ले लेता धन को बांटने का, त्याग का। वाहवाही होती, लोग स्वागत-समारंभ करते और कहते, धन्य है! ऐसा महात्यागी! लेकिन जो त्याग धन बांटने से आता हो...जब धन से कुछ भी नहीं आया तो त्याग और धन्यभाग और अहोभाव धन से कैसे आ सकता है? यह आदमी अनूठा था। इसने जाकर नदी में डुबा दिया। जो व्यर्थ था, वह डुबाने योग्य था।

इस आदमी की जिंदगी में बड़ी अदभुत कथायें हैं। वह गया। जब सब नदी में डुबा दिया तो वह गया अपने गुरु के पास। गुरु ने कहा, अब संन्यास ले लो। उसने कहा, जब संसार ही छोड़ दिया है तो अब संन्यास कैसे लें? उसने बड़ी अदभुत बात कही कि जब संसार ही छोड़ दिया, तो अब संन्यास कैसे लें? जब तक संसारी था, तब तक मन में संन्यास की बात भी उठती थी। वह उसी का विरोध है। जब संसार ही छूट गया तो अब संन्यास कैसे लूं? क्योंकि संसार के विपरीत भाव उठता था। संसार गया, उसका विपरीत भाव भी गया। वैसे तुम कहो तो जो कहो मैं करने को राजी हूं, बाकी अब लेना-देना न बचा।

उसके गुरु ने कहा कि नहीं, तुझे फिर कुछ करने की जरूरत नहीं। हम अभी भी संन्यासी हैं, उससे जाहिर होता है कि कहीं संसार छिपा है। तेरा संसार बिलकुल ही चला गया। तेरी दृष्टि अब शून्य हो गई। एक संसारी की दृष्टि है, एक संन्यासी की दृष्टि है।

फिर इस आदमी की मौत करीब आई। इसकी पत्नी, इसका बेटा, इसकी बेटी, सभी इसके साथ इस नई दुनिया में डूब गये। इसकी मौत करीब आई तो उसने अपनी बेटी से पूछा कि जरा उठकर देख, चांद निकल आया या नहीं? क्योंकि मैं सदा सोचता रहा कि जब चांद निकल आये, तभी शरीर को छोड़ना। लड़की द्वार पर गई और उसने कहा, हां पिताजी!

चांद निकल आया है, और बड़ा सुंदर है। इसके पहले कि आप शरीर छोड़ें, एक बार द्वार पर आकर झांककर चांद को देख लें। पिता द्वार पर गया, लड़की जहां पिता बैठा था, जिस कुर्सी पर, उस पर बैठ गई, उसने शरीर छोड़ दिया। पिता लौटकर देखा और उसने कहा, 'मैं जानता था कि तुम मुझसे एक कदम आगे हो।'

उसकी पत्नी पड़ोस में किसी को मिलने गई थी, वहां खबर पहुंची। उसका बेटा पत्नी के साथ था। उसकी पत्नी ने कहा कि बूढ़ा तो नासमझ था ही, यह लड़की भी नासमझ निकली। लड़का जैसा खड़ा था, वहीं खड़े-खड़े उसने शरीर छोड़ दिया। यह सुनते ही उसकी मां ने उसके सिर पर एक धक्का मारा और कहा कि नासमझ! तू भी चला? और वह खिल-खिलाकर हंसी।

लोग उससे पूछते कि तुमने इनका पीछा क्यों न किया? क्योंकि पति चला गया, लड़की चली गई, लड़का चला गया। तो वह कहती कि आना और जाना कैसा! जो है, वह सदा है। इसलिये तो कहा कि नासमझ, इन खेलों को बंद करो।

न तो कभी आत्मा आती है और न कभी जाती है। न कोई जन्म है, न कोई मृत्यु है। न शरीर का पकड़ना है, न छोड़ना है। तब दृष्टि-शून्यता पैदा होगी। और जब तुम्हारी कोई दृष्टि नहीं, जब तुम्हारी कोई आंख नहीं, जब देखने की तुम्हारी कोई शैली नहीं, जब देखने वाले की कोई आकांक्षा नहीं, तब तुम्हें दिखाई पड़ता है, जो है।

और जो है, वही परमात्मा है।

गधों को परमात्मा नहीं दिखाई पड़ सकता। और जिन्हें नहीं दिखाई पड़ता है, वे किसी न किसी भांति के गधे होंगे। गधे का मतलब, कि उसकी एक दृष्टि है। वह घास की ही चर्चा किये जाता है।

तुम भी क्या चर्चा करते हो? अगर तुम्हारी चर्चा खोजी जाये तो या तो सेक्स से संबंधित होती है, या भोजन से संबंधित होती है। तुम्हारी चर्चा इन दो से अतिरिक्त कुछ भी नहीं है। दोनों भोजन हैं, भोजन तुम्हें बचाता है, सेक्स जाति को बचाता है, समाज को बचाता है। भोजन के बिना तुम मर जाओगे, सेक्स के बिना समाज मर जायेगा। दोनों भोजन हैं, दोनों सर्वायवल हैं, बचने के उपाय हैं। तुम भोजन करते हो तो तुम बचते हो और तुम काम-भोग करते हो, इससे समाज बचता है।

तो गधा अगर चर्चा कर रहा है घास की...सभी गधे घास की चर्चा कर रहे हैं! प्रकार-प्रकार के गधे हैं। लेकिन अगर उनकी तुम चर्चा सुनो, तो चर्चा लोग क्या कर रहे हैं? या तो भोजन की, या काम वासना की! ये दो ही चर्चायें हैं। इस चर्चा के माध्यम से देखने वाली चेतना, कैसे सत्य को देख पायेगी?

और कुत्ते उनसे विवाद करेंगे; क्योंकि उनकी वासना भिन्न है। घास में कुत्ते को जरा भी रस नहीं। कभी-कभी कुत्ता घास में रस लेता है; जब उसे वमन करना होता है, जब उसे उल्टी करनी होती है। घास उसका भोजन नहीं है; उल्टी की औषधि है। जब कुत्ते के पेट में कोई तकलीफ होती है, कुछ उल्टा-सीधा खा लिया होता है, तो वह जाकर घास खा जाता है। घास खाते ही से वमन हो जाता है।

इसीलिये कलंदर ने कुत्ते और गधे की बात करवाई क्योंकि उन दोनों के भोजन विपरीत

हैं। घास गधे के लिए स्वर्ग है, कुत्ते के लिये वमन का उपाय है। तो अगर कुत्ता नाराज हो जाये कि बंद करो यह बकवास! क्योंकि घास की चर्चा उसे नाशिया पैदा करती होगी। घास ही घास! गधा है कि उसी की चर्चा किये जाता है। इतना सुंदर घास! इतना ऊंचा घास! इतना हरा घास! आज गजब हो गया!

कुत्ते को गधे की ये बातें सुनकर गुस्सा आता होगा, चिढ़ पैदा होती होगी और वमन करने का मन होता होगा। तो वह कहता है, 'बंद करो यह बकवास! अगर बात ही करनी है तो हड्डी की, मांस की कुछ बात करो; कि कुछ रस आये, कि जीभ से कुछ स्वाद मिले, कि सपना जगे, कि भीतर कुछ आह्लाद पैदा हो'।

जहां भी विवाद है, वहां वासनाओं का विवाद है।

अनेक-अनेक लोगों को गहरे में देखकर इस नतीजे पर मैं पहुंचा हूं कि जहां भी विवाद है, वहां तुम्हारी वासनाएं भिन्न हैं। पति पत्नियों में निरंतर विवाद है। दोनों की वासनाओं की भिन्नता है। पत्नी सुरक्षा चाहती है, पति नवीनता चाहता है। पुरुष आक्रामक है, स्त्री ग्राहक है। स्त्री कमजोर है—कमजोर इस अर्थों में कि उसके व्यक्तित्व में आक्रमण की, हिंसा की क्षमता नहीं है। सहने की क्षमता पुरुष से ज्यादा है। दुख सह लेने की क्षमता पुरुष से ज्यादा है, लेकिन दूसरे को दुख देने की क्षमता पुरुष से बहुत कम है। आक्रामक नहीं है। उसका पूरा व्यक्तित्व ग्राहक है क्योंकि उसके पूरे व्यक्तित्व को गर्भ बनना है। और जिसको गर्भ बनना है, उसकी ग्राहकता, रिसेप्टीविटी गहरी होनी चाहिए। पुरुष आक्रामक है क्योंकि उसे गर्भ ढोना नहीं है, किसी को गर्भ देना है।

तो पुरुष का काम-संभोग आक्रामकता है, एग्रेशन है। स्त्री का काम-संभोग एक पैसिविटी है, एक ग्राहकता है, एक समर्पण है। ये दोनों एक दूसरे के विपरीत हैं इसलिये एक दूसरे को आकर्षित करते हैं। लेकिन वहीं विवाद खड़ा हो जाता है क्योंकि स्त्री चाहती है कि जो परिचित है, पुराना है, जाना-माना है उसके साथ रुके। सुरक्षा है उसमें। पुरुष चाहता है जो परिचित है, जाना-माना है, उससे छुटकारा हो क्योंकि उसमें आक्रमण का कोई रस ही नहीं है। जब नये पर तुम आक्रमण करते हो, एक नई स्त्री को जीतने निकलते हो तब रस आता है। इसलिये पति उदास हो जाते हैं, पति होते ही उदास हो जाते हैं।

मैंने सुना है कि मुल्ला नसरुद्दीन से कोई पूछ रहा था—एक ट्रेन में वह बैठा यात्रा कर रहा था। एक आदमी उससे कुछ, पड़ोसी उससे कुछ पूछ रहा है, 'कहां रहते हो? क्या करते हो?' आखिर उस आदमी ने पूछा कि क्या शादी-शुदा हो? नसरुद्दीन ने उसकी तरफ देखा और कहा, 'मैं वैसे ही दुखी हूं। तुम यह मत सोचो कि मैं कोई शादी-शुदा हूं। मैं वैसे ही दुखी हूं'।

पति दुखी हो जाता है। तुम पहचान सकते हो कि पति अपनी पत्नी के साथ रास्ते पर चल रहा है कि किसी और की पत्नी के साथ—दूर से देखकर भी! अपनी पत्नी के साथ वह उदास चलता है क्योंकि पत्नी पूरे वक्त निरीक्षण कर रही है कि वह कोई नया आक्रमण तो नहीं कर रहा है! तो अपनी पत्नी के साथ वह डरा-डरा चलता है, भयभीत चलता है। पत्नी पति के साथ बड़ी प्रफुल्लित चलती है क्योंकि सुरक्षा साथ है। कोई भय नहीं है। पति डरा-डरा चलता है क्योंकि पत्नी चौबीस घंटे का नियंत्रण है और आक्रमण की, नये

अभियान को, एडवेन्चर की कोई सुविधा नहीं। वह देख भी नहीं सकता दूसरी स्त्री की तरफ, क्योंकि उससे उपद्रव ही खड़ा होगा।

दोनों की आकांक्षाएं भिन्न है इसलिये विवाद है। दोनों के देखने का ढंग भिन्न है, इसलिये विवाद है। पत्नी स्थायित्व चाहती है, पति परिवर्तन चाहता है। यह बड़ा मजा है कि इसीलिये ही आकर्षण है; क्योंकि दोनों विपरीत हैं। समान में आकर्षण नहीं होता। ऋण विद्युत धन विद्युत को खींचती है। धन विद्युत धन विद्युत को नहीं खींचती। इसलिये दो स्त्रियों में परिचय हो सकता है, मैत्री नहीं होती। दो पुरुषों में परिचय हो सकता है, लेकिन प्रेम नहीं होता। विपरीत चाहिए। विपरीत खींचता है। लेकिन दूसरा खतरा छिपा है कि वह विपरीत है, इसलिये उसकी सारी आकांक्षाएं विपरीत हैं, उसके देखने का ढंग विपरीत है। और तब विवाद है।

जहां-जहां विवाद है, वहां समझना कि जीवन को देखने के ढंग भिन्न हैं।

गधे और कुत्ते का विवाद है। कलंदर ठीक कह रहा है कि कुत्ता बहुत परेशान है गधे की बकवास सुन-सुनकर। और वह रोज वही चर्चा किये चला जाता है।

एक स्त्री का पति मरा। मरते वक्त उसने पति से आश्वासन लिया कि तुम मुझे वचन दो। क्योंकि दोनों ही स्पिरिच्युअलिस्ट हैं, दोनों ही अध्यात्मवादी थे—तो तुम मुझे वचन दो! अगर तुम पहले मर जाओगे तो तुम पूरी कोशिश करोगे मुझसे संबंध बनाने की, या मैं पहले मर गई तो मैं तुमसे संबंध बनाने की कोशिश करूंगी ताकि निश्चित हो सके, आत्मा शरीर के बाद बचती है या नहीं।

पति मरा। मरने के बाद पत्नी ने बड़ी कोशिश की। बड़े मीडियम्स पर उसने पति को बुलाने की कोशिश की। आखिर एक दिन सफल हो गई। कोई दो साल बाद सफलता मिली। पति बोला माध्यम से।

पत्नी ने कहा, 'तुम वहां प्रसन्न तो हो?'

उसने कहा, 'मैं बहुत प्रसन्न हूं। इतना प्रसन्न मैं कभी भी न था।' पत्नी ने कहा कि तुम उससे भी ज्यादा प्रसन्न हो, जितने तुम मेरे साथ थे? अब पति को कोई डर तो था नहीं! पुराने जमाने की बात होती, जब वह जिंदा था तो यह कभी भूलकर नहीं कह सकता था। उसने कहा, 'उससे भी ज्यादा प्रसन्न हूं, जितना मैं तुम्हारे साथ था।'

स्वभावतः पत्नी ने कहा, 'तो फिर और स्वर्ग के संबंध में बताओ।'

पति ने कहा, 'यह किसने कहा कि मैं स्वर्ग में हूं? मैं नर्क में हूं।'

पति नर्क में भी ज्यादा प्रसन्न होगा बजाय पत्नी के साथ होने के!

पुरुष विवाह में उत्सुक ही नहीं है। पुरुष विवाह में फंसता है। स्त्री प्रेम में सीधी उत्सुक नहीं है। उसकी उत्सुकता विवाह में है। प्रेम चूंकि विवाह तक पहुंचाता है, इसलिये वह प्रेम में उतरती है। स्त्री की उत्सुकता स्थायित्व में है, पुरुष की उत्सुकता नवीनता में है। ये बड़ी कठिन बातें हैं। इनका हल होना मुश्किल है।

दो ही उपाय हैं: या तो स्त्री की बात मानकर पुरुष को दबाया जाये, जैसा कि अतीत सदियों में हुआ। हमने विवाह का आयोजन कर लिया, स्त्री की बात मान ली, पुरुष को दबा दिया। प्रेम शाश्वत है। और फिर बच्चों का भी सवाल है, फिर समाज की भी व्यवस्था है।

स्त्री उसमें ज्यादा सहयोगी मालूम पड़ी क्योंकि स्थिरता लाती है। लेकिन पुरुष सब तरफ उदास हो गया। उसने हजारों तरह की वेश्यायें पैदा कर लीं। न मालूम कितनी तरह की अनीति पैदा हुई सिर्फ इसलिये, कि यह पुरुष के स्वभाव के अनुकूल नहीं पड़ा।

एक तो उपाय यह था, जो कि आज असफल हो गया है। अब दूसरा उपाय पश्चिम कर रहा है कि पुरुष की मान लो, कि स्थायित्व की फिक्र छोड़ दो, विवाह को जाने दो। या विवाह ज्यादा से ज्यादा एक सांयोगिक घटना है। जितनी देर चले, ठीक; जिस दिन न चले, समाप्त। जैसे विवाह कोई जीवन भर का निर्णय नहीं है, एक तात्कालिक क्षण की बात है। जब तक सुख दे ठीक, जिस दिन सुख बंद हो, समाप्त! इससे स्त्री दुखी होगी और स्त्री शोषित हो रही है क्योंकि उसकी तृप्ति नहीं होती। और दुनिया भर के मनसशास्त्री परेशान हैं कि क्या उपाय किया जाये! क्योंकि पुरुष तभी सुखी होंगे जब उन्हें पति न बनना पड़े और स्त्रियां तभी सुखी होंगी जब वे पत्नी बन जायें। अब इस विरोध को कैसे हल किया जाये? और एक दुखी होता है तो अंततः दूसरा भी दुखी हो जायेगा। दोनों ही सुखी हों तो ही सुखी हो सकते हैं। इसलिये अब तक कोई समाज सुखी नहीं हो पाया।

हां, पुरुष सुखी हो सकता है, अगर वह पुरुष की वासनाओं को गिरा दे। स्त्री सुखी हो सकती है, अगर वह स्त्री की वासनाओं को गिरा दे। लेकिन ऐसे लोग अकसर विवाह नहीं करते क्योंकि कोई जरूरत ही नहीं रह जाती। अगर बुद्ध जैसे लोग विवाह करें तो विवाह परम आनंद का होगा। लेकिन बुद्ध जैसे लोग विवाह नहीं करते। और जो विवाह करते हैं, उनके लिये विवाह नर्क का आधार बन जाता है।

जब तक मनुष्य की चेतना परिवर्तित न हो और उसकी चाहों की सीमाएं न गिरें, तब तक जीवन एक विवाद और संघर्ष ही होगा। प्रेम के नाम पर ही कलह ही पैदा होती है। और जब प्रेम के नाम पर कलह होती है तो और किस चीज के नाम पर हम जीवन में आशा करें कि कलह पैदा न होगी।

इसे ठीक से समझें। अगर आपका किसी से भी विवाद है और कलह है तो उसका अर्थ यही हुआ कि आपकी आकांक्षायें भिन्न हैं, उसकी आकांक्षायें भिन्न हैं। या तो आप उसे दबा लें या वह आपको दबा लें। लेकिन जब भी तुम किसी को दबाओगे तभी तुम भी दुखी हो जाओगे क्योंकि दबाना सुखद नहीं है। और कोई तुम्हारे पास चौबीस घंटे दुखी बैठा हो तो तुम सुखी कैसे हो सकते हो?

इसलिये फ्रायड जैसे लोग तो इस स्थिति को देखकर कहते हैं कि मनुष्य आनंदित हो सके यह असंभव है। और फ्रायड सोचकर कह रहा है, अनुभव से कह रहा है। चालीस-पचास साल अनंत-अनंत प्रकारों से मनुष्य के मन की उसने खोज की है। और उसके जीवन का आखिरी निष्कर्ष यह है कि मनुष्य की बनावट ऐसी है कि वह सुखी हो ही नहीं सकता।

लेकिन हमारे निष्कर्ष भिन्न हैं। बुद्ध, महावीर, कृष्ण के निष्कर्ष भिन्न हैं। मेरा निष्कर्ष भिन्न है। मैं आपसे कहता हूं, सुखी आप हो सकते हैं। लेकिन सुखी आप तभी हो सकते हैं, जब चाह के दरवाजे गिर जायें। चाह की सीमाएं, चाह की खिड़कियां गिरा दें और खुले आकाश में आ जायें।

खुला आकाश अचाह का आकाश है।

इसलिये उलटी बात मालूम पड़ेगी। बुद्ध और महावीर कहते हैं कि जिसने चाह छोड़ दी, वह आनंद को उपलब्ध हुआ। फ्रायड कहता है, आदमी कभी भी आनंद को उपलब्ध नहीं होगा क्योंकि वह सोच ही नहीं सकता कि आदमी चाह छोड़ सकता है। चाह तो कैसे छूटे? फ्रायड कहता है, चाह तो आदमी की जड़ में है। वासना तो रहेगी।

दोनों सही हैं। अगर वासना रहेगी तो फ्रायड बिलकुल सही है। और सौ में निन्यानबे आदमियों के लिये फ्रायड सही मालूम पड़ेगा क्योंकि वासना मिटती नहीं। कभी-कभी कोई अद्वितीय आदमी पैदा होता है, जिसकी वासना मिटती है। पर वासना मिटते ही आनंद घटित होता है।

जहां विवाद नहीं, जहां कलह नहीं, जहां संघर्ष नहीं, वहीं आनंद के फूल खिलते हैं। सब जगह गधे और कुत्तों में विवाद चल रहा है। स्त्री और पुरुष में ही नहीं है, अनुयायी और नेता में, गुरु और शिष्य में, विद्यार्थी और शिक्षक में—सब तरफ विवाद चल रहा है क्योंकि सबकी आकांक्षाएं विपरीत हैं। और जहां आकांक्षा विपरीत है, वहां तत्क्षण कलह शुरू हो जाती है। आज सारी दुनिया में अराजकता है। ऐसी कोई जगह खोजनी कठिन है, जहां निर्विवाद शांति हो। सब तरफ विपरीत लोग खड़े हैं। गधे और कुत्ते चर्चा कर रहे हैं।

इस सब में सबसे बड़ी कठिनाई न तो गधे की है और न कुत्ते की है; बड़ी कठिनाई कलंदर कहता है उस आदमी की है, जो उनकी भाषा समझता है। यह कहानी का तीसरा पहलू। एक आदमी है, जो दोनों की भाषा समझता है। सबसे बड़ी कठिनाई उसकी है। गधा अपने गधेपन में है, कुत्ता अपने कुत्तेपन में है। न कुत्ता गधेपन को पहचानता है, न गधा कुत्तेपन को पहचानता है। उनके दरवाजे बंद हैं। वे अपने ढंग से जीते हैं। और सुनिश्चित है कि मेरा ढंग ठीक है। घास की बात व्यर्थ, हड्डियों की बात ठीक है। और गधा भी सुनिश्चित है।

यह बड़ी सोचने जैसी बात है कि सिर्फ गधे ही बहुत सुनिश्चित होते हैं, सरटेन होते हैं। बुद्धिमान आदमी 'हेज़ीटेट' करता है। बुद्धिमान आदमी थोड़ा सोचता-विचारता है। बुद्धिमान आदमी कुछ भी कहता है तो वह कहता है, स्यात्...परहेप्स! लेकिन गधा जब कहता है कुछ भी, तो वह कहता है, बिलकुल ऐसा है; इसमें रत्ती भर संदेह नहीं।

हिटलर जैसे लोगों को इसीलिये मैं बुद्धिमान नहीं कहता क्योंकि वे निस्संदिग्ध घोषणा करते हैं। मगर आम आदमी निस्संदिग्ध घोषणाओं से प्रभावित होता है क्योंकि आम आदमी के भीतर भी गधापन गहरा है। जब भी कोई आदमी जोर से टेबल पीटकर कहता है, ऐसा है—जितने जोर से कहता है, उतना ही सत्य मालूम पड़ता है। कोई आदमी धीरे से कहे तो तुम समझते हो कि कुछ गलती होगी; इसीलिये इतने धीरे बोल रहा है। कोई कान में फुसफुसाये तो तुम पक्का समझ लोगे कि झूठ बोल रहा है; नहीं तो कान में क्यों बोल रहा है? खुले जाहिर में कहो!

इसलिये जो होशियार हैं, जो झूठ को सच की तरह चलाना चाहते हैं, वे हमेशा जोरदार आवाज में कहते हैं, टेबल पीटकर कहते हैं; तुम्हें हिला कर कहते हैं। उनकी आवाज तुम्हारे हृदय के कोने-कोने को झकझोर देती है। तब झूठ भी सच जैसा मालूम होने लगता है। नहीं तो तुम्हें सच भी झूठ जैसा मालूम होगा।

महावीर बहुत अनुयायी न पा सके क्योंकि उन्होंने कान में फुसफुसाकर कहा। और इतना सोच-विचारकर कहा कि हर चीज में स्यांत् लगा दिया क्योंकि विपरीत भी सही हो सकता है। तुमने पूछा, 'रात है?' उन्होंने कहा, 'स्यात्।' अब ऐसे आदमी का तुम अनुगमन करोगे, जिसको इसका भी पक्का पता नहीं है कि दिन है कि रात? लेकिन महावीर ने कहा कि 'स्यात्'...! क्योंकि हर रात से दिन पैदा हो जाता है। इसलिए रात बिलकुल रात नहीं हो सकती, उसमें दिन छिपा है। थोड़ी देर में दिखाई पड़ेगा लेकिन मौजूद तो है। तुमने पूछा 'दिन?' महावीर ने कहा, 'स्यात्।' क्योंकि जब तुम पूछ रहे हो तब दिन रात में बदल रहा है; इसलिये एकदम निश्चित नहीं कहा जा सकता कि दिन दिन है, रात रात है! क्योंकि रात दिन में बदल जाती है, और दिन रात में बदल जाता है। अंधेरी रात में सुबह छिपी है। भरी दुपहरी में अंधेरा छिपा है।

और महावीर पूरा देख रहे हैं, इसलिये महावीर की वाणी स्यात् हो जाती है; जैसे कान में कोई फुसफुसाता हो। ऐसे आदमी के पीछे तुम न चलोगे। इसलिये जैन धर्म का कोई बहुत विस्तार न हो सका। फुसफुसाकर कही गई बातें बहुत लोगों को प्रभावित नहीं कर सकतीं। हिटलर ज्यादा अनुयायी खोज लेता है, जितने महावीर नहीं खोज पाते हैं क्योंकि हिटलर जोर से चिल्लाकर कहता है।

तुम इस बात को ठीक से समझ लेना कि जितना तुम सुनिश्चित आदमी को पाओ, जितने जल्दी हो सके उससे भागना; क्योंकि उस आदमी को कुछ पता नहीं है। वह अपनी ही चाह में निश्चित हो गया है। बस, वही उसका संसार है। उसे पूरे का पता नहीं है, अंश के साथ वह ठहर गया है, 'फिक्सेशन' हो गया है। वह जड़ हो गया है।

मुसीबत तो उस आदमी की है, जो दोनों की भाषा समझता है। मुसीबत मेरी है; गधे की भाषा भी समझता हूं, और कुत्ते की भाषा भी समझता हूं। और कुत्ता भी सही मालूम होता है अपनी तरफ से, और गधा भी सही मालूम होता है अपनी तरफ से; और दोनों गलत हैं। इसलिये कलंदर ने बड़ा अच्छा अंत करवाया कहानी का।

तो उस आदमी ने कहा कि ठहरो! तुम व्यर्थ विवाद मत करो। वह आदमी यह कहने जा रहा होगा कि गधा भी ठीक कह रहा है उसकी तरफ से। वह भी एक पक्ष है, वह भी एक भंगि है, एक दृष्टि है। और कुत्ता भी ठीक कह रहा है अपनी तरफ से; क्योंकि वह भी एक दृष्टि है। दोनों ही ठीक कह रहे हैं, तुम विवाद बंद करो। वह आदमी बीच में आ गया होगा कि किसी तरह सुलझा दे।

लेकिन न तो कुत्ते ने उसकी आवाज सुनी, न गधे ने उसकी आवाज सुनी; बल्कि वे दोनों बड़े नाराज हुए कि यह आदमी क्यों बीच में आ रहा है? विवाद इतनी सुगमता से चल रहा था और यह उपद्रवी कहां बीच में आ रहा है? यह आदमी समझता था कुत्ते और गधे की भाषा, कुत्ते और गधे तो इसकी भाषा नहीं समझते थे। कुत्ता भौंका और झपटा और गधे ने दुलत्ती झाड़ी। और वह आदमी जमीन पर गिर पड़ा और बेहोश हो गया।

यही तो बुद्धों के साथ होता रहा है। कुत्ते भौंकते हैं, गधे दुलत्ती मारते हैं। कलंदर की दृष्टि बड़ी गहरी है। यही तो जीसस के साथ होता है, मंसूर के साथ होता है। यह कलंदर के साथ खुद हुआ है।

यह कहानी अनुभव से कही है और गधे और कुत्ते के रूपक में कही है ताकि तुम नाराज न होओ। सीधी-सीधी कही जाये तो शायद तुम कहानी पढ़ने को भी राजी न होओ। सीधी-सीधी कहे तो अभी तुम दुलत्ती झाड़ो; इसलिये थोड़ा घुमाकर कही है। गधा तो प्रतीक है गधेपन का। कुत्ता तो प्रतीक है, कुत्तेपन का।

कुत्तेपन का एक रस है: भौंकना। वैज्ञानिक भी अभी तक खोज नहीं पाये कि कुत्ते भौंकते क्यों हैं? जरूर उनके गले में कुछ न कुछ संयोजन है कि भौंकने से उन्हें राहत मिलती है। बिना भौंके उनसे नहीं रहा जाता।

जिब्रान की एक प्रसिद्ध कहानी है कि एक कुत्ता गुरु हो गया और उसने बाकी कुत्तों को समझाना शुरू कर दिया कि तुम कब तक भौंकते रहोगे? भौंकने की वजह से हमारी जाति का ह्रास हुआ है। सब शक्ति भौंकने में चली जाती है। नहीं तो हम अब तक दुनिया में राज्य कर रहे होते। रोको, नियंत्रण करो, संयम साधो। कुत्ते सुनते उसकी बात, जंचती भी, लेकिन गले में जब भौंकने का खयाल उठता और जब गले में सुरसुरी दौड़ती, तो फिर सिद्धांत काम न आते, कुत्ते भौंक लेते। गुरु समझाता रोज। और गुरु को वे बड़ा महान व्यक्ति मानते क्योंकि गुरु कभी भौंकता हुआ नहीं पाया गया, इसलिये आचरण और सिद्धांत में समानता थी।

और इसी को लोग कहते हैं कि जब तुम खोजने जाओ तो सिद्धांत और आचरण में समानता पाओ; समझना कि यही आदमी है—गुरु। इतना सस्ता नहीं है मामला। इतना आसान भी नहीं है। क्योंकि लोग सिद्धांत और आचरण में समानता बिठा सकते हैं। और ऐसा ही हुआ था। वह कुत्ता भी जो गुरु हो गया था, भौंकना चाहता था; लेकिन भौंकने लायक ताकत ही नहीं बचती थी। समझाने में ही भौंकना निकल जाता था। दिन भर सुबह से सांझ, रात, गांव भर में घूमता जगह-जगह कुत्ते भौंकते मिलते, वहीं टोकता, रुको! तो उसका गला ही थक जाता।

आखिर कुत्ते भी गुरु से परेशान हो गये और उन्होंने कहा कि बेचारा अब थका जाता है, बूढ़ा हो गया है। हम कभी इसकी मानते भी नहीं। इसकी बात ठीक भी मालूम पड़ती है, बुद्धि को, लेकिन जब गले में खुसखुसाहट उठती है और जब गले में रस आता है भौंकने का, तो फिर हमसे नहीं रहा जाता। यह हमारी प्रकृति है। और यह ऊंची बातें कर रहा है परमात्मा की। यह ठीक कह रहा है कि भौंकना बंद कर दो; तो तुम ध्यानी हो जाओ!

एक दिन लेकिन उन्होंने कहा कि अब यह बूढ़ा हो गया है, और मरने के करीब है। एक दिन तो हम इसकी मान लें। तो सारे गांव के कुत्तों ने तय किया कि आज रात चाहे कुछ भी हो जाये, कितनी ही मुसीबत हो, कितना ही हमें लोटना-पोटना पड़े—करेंगे, लेकिन भौंकेंगे नहीं। अपने मुंह पर नियंत्रण रखेंगे। संयम साधेंगे।

ऐसी ही दशा बहुत से संन्यासियों की हो जाती है। ब्रह्मचर्य साधेंगे, संयम साधेंगे, लोटेंगे-पोटेंगे, लेकिन संयम न तोड़ेंगे।

बड़ी मुसीबत हुई। कुत्ते बड़ी मुसीबत में पड़े। एक-एक कोने में पड़ गये गलियों में जाकर। बड़ी बेचैनी भीतर से आने लगी। रोज का वक्त पैदा हो गया, भौंकने का समय आ गया। कभी पुलिसवाला निकल जाता और दिल भौंकने का होता। कभी पोस्टमैन आ जाता और दिल भौंकने का होता। चारों तरफ वासना को जगाने वाले उपकरण थे, लेकिन उस दिन

तय ही किया था कुत्तों ने। और हर कुत्ते ने कहा कि जब तक कोई दूसरा न भौंके, तब तक तो हम रहेंगे ही संयम साधे।

कोई नहीं भौंका। कुत्ते चुप ही रहे। लेकिन आधी रात को एक कुत्ते ने भौंकना शुरू किया, फिर संयम नहीं रुक सका। फिर उन्होंने कहा, जब टूट ही गई बात तो हम क्यों नाहक तड़फें, पूरा गांव एकदम भयंकर...क्योंकि इकट्ठे कुत्ते कई घंटे से चुप थे। ऐसा भौंकना कभी हुआ ही नहीं था। पूरा गांव जग गया।

ऐसा ही होता है। जब धार्मिक समाज भ्रष्ट होता है तो ऐसा ही होता है। बहुत दिन तक साधा हुआ संयम जब टूटता है तो ऐसा ही होता है। यह भारत की ऐसी दशा है कि कोई दो-तीन हजार साल से बड़ा संयम, ब्रह्मचर्य साध-साधकर लोग बैठे हैं अपने-अपने कोनों में। भौंक नहीं रहे हैं। फिर उन्होंने भौंकना शुरू किया तो सारा...।

क्रिश्चियनिटी के साथ यही हुआ। पश्चिम में, दो हजार साल तक लोगों को भौंकना रुकवा दिया। अब वे एकदम से भौंक रहे हैं, तो सब नियम टूट गए हैं। साधारण नियम भी शिष्टाचार के टूट गये हैं, और जीवन एक उच्छृंखल, पाश्विक स्थिति में खड़ा हो गया है।

जैसे ही वे भौंके, चकित हुए! क्योंकि इतनी देर, बारह बजे रात तक नेता का कोई पता न चला। गुरु कहां था, पता ही न चला। अचानक जैसे ही भौंके, गुरु आ गया और उसने कहा कि देखो, इसी के कारण हमारा पतन हुआ है। कितना तुम्हें समझाया, लेकिन तुम बाज नहीं आते। कब तुम छोड़ोगे यह अज्ञान? कब तुम्हें ज्ञान होगा?

खलील जिब्रान कहता है, और राज की बात यह है कि सांझ से गुरु घूमा गांव में, लेकिन सब कुत्ते सन्नाटा साधे थे। उसे बोलने का मौका ही नहीं आया क्योंकि चुप ही थे, कहना क्या? किससे कहो कि चुप हो जाओ? बारह बजे तक वह घबड़ा गया और बारह बजे तक न बोलने के कारण उसके गले में सरसरी दौड़ने लगी। आखिर उससे न रहा गया। और फिर वह हिस्सा भी नहीं था निर्णय का। सारे लोगों ने निर्णय किया था—सारे कुत्तों ने; वह तो निर्णय के बाहर था। उसे पता भी नहीं था कि मामला क्या है! एक गली के अंधेरे में जाकर वह जोर से भौंका—वही पहला कुत्ता था! फिर जब उसका भौंकना हो गया तो सारा गांव भौंकने लगा। जब सारा गांव भौंका, गुरु फिर आ गया समझाने कि देखो, इसी से हमारा पतन हुआ है। कब तुम रुकोगे?

तुम भी जब बोलते हो तो वह बोलना रोग है, या तुम्हारी शून्यता से, तुम्हारे मौन से निकलता है? वह तुम्हारी बीमारी है, रेचन है। कचरा तुम फेंक रहे हो अपने बाहर, हल्का कर रहे हो अपने को, या तुम्हारे पास कुछ बहुमूल्य है, जो तुम देना चाहते हो? बोलो तभी, जब तुम्हारे बोलने में कुछ हीरे हों, जो तुम बांटना चाहते हो। दूसरे के सिर पर कचरा क्यों डाल रहे हो? व्यर्थ की बातें क्यों बोल रहे हो?

उस आदमी ने सुना कि कुत्ता और गधे में बड़ा विवाद है। वह दोनों की बात समझा, दोनों की दृष्टि समझा, इसलिये मुसीबत में पड़ गया। वह दोनों को समझाने बीच में गया, लेकिन कुत्ते और गधे को उसकी बात समझ में न आई।

बुद्धों की बात कभी भी तो समझ में नहीं आई है। तुम्हारी सारी बात बुद्ध को समझ में आती है। तुम्हारी हर वासना की आवाज समझ में आती है क्योंकि तुम जहां हो, वहां से वे

भी गुजरे हैं। वे भी कभी भौंकते थे। वे भी कभी घास की बात करते थे। तुम जहां हो वहां वे थे; इसलिये तुम्हारी भाषा उन्हें समझ में आती है। तुम्हें उनकी भाषा समझ में नहीं आती क्योंकि जहां वे हैं, वहां तुम्हें अभी पहुंचना है।

लेकिन जब बुद्ध समझाते हैं तुम्हें, तो तुम्हें क्रोध आता है। क्रोध इस बात से आता है कि वे कहते हैं, तुम दोनों ठीक हो। तुम्हारा अहंकार कहता है, मैं ठीक हूं, दूसरा गलत है। और जब बुद्ध कहते हैं, तुम दोनों ठीक हो, तो दोनों ही नाराज हो जाते हो।

पहले वे आपस में लड़ रहे थे, अब वे बुद्ध से लड़ने को दोनों साथ हो जाते हैं। गधा दुलत्ती मारता है, कुत्ता भौंककर चीखने दौड़ता है कि यह आदमी कैसे बीच में उपद्रव करने आ गया? ऐसे ही काफी कलह चल रही थी और यह एक और उपद्रव! और फिर इसकी भाषा भी समझ में नहीं आती। जीसस को सूली लगी। जीसस की भाषा यहूदी समझ न सके। मंसूर को लोगों ने काटकर मार डाला क्योंकि मंसूर की भाषा लोग समझ न सके।

एक तो वासना की भाषा है, जिसे हम समझते हैं; और एक करुणा की भाषा है, जिससे हमारा कोई परिचय नहीं। और यह आदमी बेचारा इन दोनों को शांत करने आया था। यह आदमी चाहता था कि इनकी कलह मिट जाये। और यह आदमी चाहता था कि यह एक दूसरे के दृष्टिकोण को समझ लें।

दुनिया में चाहे छोटे झगड़े हो रहे हों चाहे बड़े, चाहे बड़े युद्ध हो रहे हों, और चाहे घर की छोटी कलह हो रही हो, सब विवाद दूसरे की दृष्टि को न समझने के कारण हैं।

जब तक मैं दूसरे के जूते में खड़ा न हो जाऊं और दूसरों के कपड़ों में खड़ा होकर न देखूं, जहां से दूसरा देखता है, वहां से न देखूं, तब तक कलह और युद्ध नहीं मिट सकेंगे। मैं अपनी जगह ठीक मालूम पड़ता हूं, दूसरा अपनी जगह गलत 'मुझे' मालूम पड़ता है। खुद को वह ठीक मालूम पड़ता है।

अगर रूस में और अमेरिका में कोई विवाद है, चीन में और भारत में कोई विवाद है, या भारत और पाकिस्तान में कोई विवाद है, सब विवाद ऐसे ही हैं; क्योंकि दूसरे की जगह खड़े होने की हमारे पास कोई कुशलता नहीं। हम इतने तरल नहीं हैं कि दूसरे की जगह खड़े हो जायें। और वही व्यक्ति शांत हो सकेगा जो इतना तरल हो कि सबकी दृष्टियों को समझ पाये। लेकिन उसकी बड़ी कठिनाई है। ज्ञानी की बड़ी मुसीबत है क्योंकि उसे रहना पड़ता है अज्ञानियों के बीच।

मेरे मित्र पागल हो गये। उन्हें पागलखाने भेज दिया गया। वे मुझसे कहते थे कि तीन साल मैं पागलखाने में रहा, आखिरी छह महीने मुसीबत के हुए। बाकी ढाई साल तो बड़े मजे से कट गये क्योंकि मैं पागल था। आखिरी छह महीने मुसीबत के हो गये क्योंकि अपने पागलपन में एक दिन उन्होंने, फिनाइल का डिब्बा रखा हुआ था, वह पूरा पी लिया। फिनाइल के पीने से उन्हें सैकड़ों दस्त लग गये और उन दस्तों के साथ न मालूम क्या हुआ, कि पागलपन चला गया। गर्मी निकल गई शरीर की। वे बिलकुल कमजोर हो गये, लेकिन बुद्धि वापिस आ गई। एक शॉक ट्रीटमेंट हो गया।

जब बुद्धि वापस आ गई तो सजा तो उनको तीन साल की हुई थी पागलखाने में रहने के लिये और छह महीने पहले वे ठीक हो गये। तो उन्होंने जाकर अधिकारियों को कहना शुरू

किया कि मैं बिलकुल ठीक हूं। अधिकारी हंसते और वे कहते, सभी कहते हैं! वह बहुत समझाते कि आप सुनो भी तो! तो वे कहते, किस किसकी सुनें? सभी पागल कहते हैं, कि हम ठीक हैं। तो वे मुझे कहते थे, मैंने बहुत उपाय किये मगर मैं इतनी बात न समझा पाया कि मैं ठीक हूं! वे कोई सुनने को राजी नहीं क्योंकि सभी पागल यह कहते हैं कि ठीक हैं! जाओ, अपना काम करो। और उन छह महीने में वे कहते हैं कि मेरी जो मुसीबत और फजीहत हुई...! क्योंकि चारों तरफ पागल और मैं अकेला होश में! कोई मेरी टांग खींच रहा है, कोई मेरे सिर को मालिश कर रहा है। ढाई साल तक मुझे पता ही नहीं चला क्योंकि मैं भी यही कर रहा था।

बुद्ध की मुसीबत तुम समझ सकते हो, वे छह महीने पहले तुमसे होश में आ गये! उस आदमी को कुत्ते ने काटा और गधे ने दुलत्तियां मारीं। वह बेहोश गिर पड़ा।

सभी बुद्ध तुमसे यही व्यवहार पाये हैं। यह स्वाभाविक है। इसमें तुम्हारा कोई कसूर भी नहीं। लेकिन अगर तुम्हें खयाल आ जाये, तुम थोड़े से भी विचार से भर जाओ, यह कहानी अगर तुम्हें थोड़ी सी भी प्रेरणा दे दे सोचने की, तो शायद तुम बुद्ध को दुलत्ती मारने से बच सको। अगर तुम रुक भी जाओ दुलत्ती मारने से, तो भी बुद्ध को मौका मिले कि अपनी बात तुम तक पहुंचा दें। तुम अगर भौंकने से थोड़े शांत हो जाओ तो शायद उनकी आवाज तुम्हें सुनाई पड़ जाये। तुम्हारे चुप होने में, तुम्हारे ठहर जाने में, तुम्हारे कुछ न करने में शायद संबंध जुड़ जाये, सेतु बन जाये।

कलंदर ठीक कहता है। इस कहानी को तुम अपनी ही कहानी समझना। इसे बार-बार सोचना। तुम्हारा मन बहुत बार दुलत्ती मारने, बहुत बार भौंकने का होगा। उस वक्त अपने को रोकना और बुद्धों की वाणी को समझने की कोशिश करना। तुम थोड़ी सी कोशिश करो तो कुछ समझ में आयेगा। एक सीढ़ी तुम चलोगे, फिर दूसरी सीढ़ी साफ होगी। और हजारों मील की यात्रा भी करनी हो तो एक-एक कदम से पूरी होती है। कोई हजार कदम तो एक साथ चलता नहीं। एक बार एक कदम। पर एक कदम चले कि दूसरा कदम साफ हो जाता है और तुम दूसरा कदम उठाने के योग्य हो जाते हो।

भगवान! बड़े आश्चर्य की बात है कि हमारे सभी प्रश्न पुराने और बासी होते हैं, और आपके उत्तर इतने नये और ताजा होते हैं। इसका राज क्या है?

चूंकि आप प्रश्न सोचते हैं। जो भी सोच से आयेगा, वह बासा हो जायेगा। क्योंकि सोचना सिर्फ पुराने का हो सकता है, नये का कोई सोचना नहीं हो सकता। नये को तुम सोचोगे कैसे? जिसे तुमने जाना ही नहीं, जिससे तुम्हारी कोई पहचान नहीं, उसका रूप तुम्हारे मन में बनेगा कैसे? तुम स्मृति से खोजते हो। तुम थोड़ा रंगरोगन भी करो तो भी तुम्हारे प्रश्न नये नहीं हो सकते, वे पुराने ही रहेंगे क्योंकि मन से जो भी पैदा होता है, वह पुराना होता है। मन पुराने का नाम है। मन का अर्थ है, मरा हुआ। मन का अर्थ है, बीत गया। मन का अर्थ है, अनुभव हो गया।

तो जो भी तुमने अनुभव किया है, सुना है, पढ़ा है, सोचा है, वह मन का संग्रह है।

उसी में से तुम प्रश्न खोजते हो इसलिये वे पुराने और बासे होंगे।

मैं जब तुम्हें कोई उत्तर दे रहा हूं तो मन से कोई लेना-देना नहीं है। मैं तुम्हारा उत्तर सोचता नहीं, बस देता हूं। तुमने पूछा प्रश्न, मैंने दिया उत्तर। तुम्हारे पूछने में और मेरे देने में, बीच में कोई विचार नहीं है। उधर तुमने पूछा, इधर मैंने दिया। इन दोनों के बीच में रत्ती भर जगह नहीं है। तुम पूछो और मैं आंख बंद करके सोचूं, तो जो उत्तर होगा, वह बासा हो जायेगा। सोचा कि बासा हुआ। बिना सोचे जो आता है, वह ताजा है।

अनसोचे जो आता है, वह सदा नया है। क्योंकि जब तुम नहीं सोचते तभी तुम्हारे भीतर मन के जो पार है, वह बोलता है।

तो मैं भी मन का उपयोग करता हूं, लेकिन मन का उपयोग मैं सोचने के लिये नहीं करता। मन का उपयोग वह जो मन के पार है, उसके उपकरण की तरह करता हूं। तुम पार को मौका ही नहीं देते। तुम मन में ही प्रश्न खोजते हो, प्रश्न रख देते हो।

तुम्हें डर है, कहीं प्रश्न गलत न हो जाये। मुझे कोई डर नहीं है कि प्रश्न का उत्तर गलत न हो जाये। गलत हो कि सही, इसका मुझे प्रयोजन ही नहीं है। मैं कोई परीक्षा नहीं दे रहा हूं। तुम क्या सोचोगे मेरे उत्तर से, यह निष्प्रयोजन है। तुम उसे ठीक पाओगे, गलत पाओगे, राजी होओगे, नाराजी होओगे, यह सब व्यर्थ है। अगर मैं यह सोचूं तो बासा हो जायेगा।

इसलिये पंडित के पास जाओगे, उसका उत्तर बासा होगा क्योंकि पहले वह सोचता है, जो मैं उत्तर दूं, वह शास्त्र सम्मत है या नहीं? वेद भी यही कहते हैं या नहीं? गीता में भी यही है या नहीं? क्योंकि कृष्ण के विरोध में बोलने की हिम्मत वह न कर सकेगा। अगर वह मुसलमान है तो कुरानों में तजवीज करेगा कि मेल खा जाये। उसकी एक परंपरा है, उससे बाहर न जायेगा।

मेरी कोई परंपरा नहीं, मेरा कोई वेद नहीं, कोई कुरान नहीं; या सभी वेद, कुरान मेरे हैं। इसकी मुझे कोई चिंता नहीं कि मेरा उत्तर कृष्ण के विपरीत पड़ेगा कि पक्ष में पड़ेगा। इससे मुझे कोई लेना-देना नहीं कि यह विचार हिंदू के अनुकूल होगा कि मुसलमान के अनुकूल होगा।

क्या इसका परिणाम होगा अगर तुमने सोचा, तो उत्तर भी बासा हो जायेगा। जो परिणाम की सोचेगा, उसके वक्तव्य बासे हो जायेंगे। मैं तुम्हें सिर्फ दे रहा हूं। तुमने पूछा प्रश्न, मैंने दिया उत्तर। इसमें कोई सोच-विचार नहीं है। यह तुम्हारे प्रश्न का सीधा-सहज उत्तर है। सीधा—मैं दे रहा हूं; सहज—बिना सोचकर दे रहा हूं। इसलिये तुम्हारी बड़ी कठिनाई है।

अगर मैं तुम्हें बंधे और बासे उत्तर दूं, तुम्हें बड़ी सुगमता होगी। क्योंकि तुम एक तो मेरे उत्तर पहले से ही पहचान जाओगे। तुम्हें जगने की जरूरत न होगी, तुम सो सकते हो। क्योंकि तुम्हें पता ही है, उत्तर क्या होगा। तुम्हें सुगमता होगी क्योंकि तुम्हें अनुकरण आसान होगा, क्योंकि तुम जानते हो मेरा उत्तर क्या है! अभी तुम्हें अनुकरण बड़ा मुश्किल है, असंभव है क्योंकि कल मैं बदल जाऊंगा। परसों तुम जब तक तैयारी करके आओगे अनुकरण करने की, तब तक मैं कुछ और कहूंगा। तुम मेरा अनुकरण न कर सकोगे। और मैं चाहता भी नहीं कि तुम मेरा अनुकरण करो क्योंकि अनुकरण किया कि तुम मरे। अनुकरण कब्र है। मैं रोज बदलता रहूंगा, ताकि तुम अनुकरण न कर पाओ और तुम सो भी न पाओ।

तुम्हें जागकर सुनना होगा क्योंकि उत्तर तुम्हें पता नहीं है कि मैं क्या दूंगा? मुझे भी पता नहीं है। देने के बाद तुम्हें पता चलेगा, तभी मुझे भी पता चलेगा कि यह उत्तर दिया। फिर न तो मैं संगति वेद से खोज रहा हूं और न अपने अतीत से कि कल मैंने क्या कहा था—उससे भी संगति नहीं खोज रहा हूं।

दार्शनिक हैं तो वे सोचकर चलते हैं कि कल जो कहा था, उससे भिन्न न कहा जाये; नहीं तो लोग कहेंगे, असंगत है। मैंने वह सब चिंता छोड़ दी है। तुम असंगत कहो, संगत कहो; तुम कहो, कल ज़ो कहा था, आज का वक्तव्य उलटा है। तो मैं कहूंगा, होगा। वह कल का वक्तव्य था, यह आज का वक्तव्य है। मैं कोई संगति, कोई कन्सिस्टेन्सी कल से आज में नहीं बना रहा हूं। एक ही संगति है कि कल का उत्तर भी मुझ से आया था, आज का उत्तर भी मुझसे आ रहा है, बस! इससे ज्यादा कोई संगति नहीं है।

जब तक तुम उत्तर में खोजोगे, तुम्हें विरोधाभास दिखाई पड़ेंगे। जब तुम उत्तर को हटाकर मुझे खोजोगे, तब तुम्हें एक संगति की शृंखला का दर्शन होगा। इसलिये तुम्हारे प्रश्न बासे हो जाते हैं। तुम सोचते हो! सोचोगे, सब बासा हो जाता है।

मन बासापन है।

मन के पार जो है, वह सदा ताजा है, सदा युवा है। वहां सब नया है, सब निर्दोष है! स्वच्छ...वहां कभी कुछ मरता नहीं, वहां शाश्वत जीवन है।

आज इतना ही।

मूल पुस्तक 'बिन बाती बिन तेल' का नौवां प्रवचन

पांचवां प्रवचन

भक्त की पहचान : शिकायत-शून्य हृदय

भगवान!
एक बार मूसा ने भगवान से कहा,
'मुझे आपके किसी भक्त को देखने की इच्छा है।'
इस पर एक आवाज आई कि फलां घाटी में चले जाओ,
वहां तुम्हें वह मिलेगा
जो भगवान को प्यारा है, जो भगवान को प्रेम करता है
और जो सत्पथ पर चलता है।
मूसा वहां गये
और उन्होंने देखा कि वह आदमी तो चीथड़ों से लिपटा पड़ा है।
और तरह-तरह के कीड़े-मकोड़े उसके शरीर पर रेंग रहे हैं।
मूसा ने पूछा, 'क्या मैं तुम्हारे लिये कुछ कर सकता हूं?'
उस आदमी ने कहा, 'एक प्याला पानी ला दो, मैं बहुत प्यासा हूं।'
जब मूसा पानी लेकर वापस मुड़े तब उन्होंने देखा कि
वह व्यक्ति मरा पड़ा है।
वे फिर गये कि उसके कफन के लिये कुछ कपड़े ले आएं,
लेकिन लौटे तब शेर उसके शरीर को खा चुका था।
मूसा बेहद दुखी हुए और चीख उठे,
'मिट्टी से मनुष्य बनाने वाले हे सर्वशक्तिमान! हे सर्वज्ञ!
कोई स्वर्ग जाता है और कोई भयानक यातना झेलता है।
कोई सुखी है और कोई दुखी है।
यही पहेली है, जो कोई समझ नहीं पाता।'
भगवान! हजारों वर्ष पूर्व मूसा ने जो प्रश्न पूछा था,
उसे ही हम आज फिर आपके सामने रख रहे हैं।

मूसा की कहानी समझने जैसी है। मूसा उन थोड़े से लोगों में एक हैं, जिन्होंने जीवन के परम रहस्य को गहराई से खोजा। और जो भी जीवन के रहस्य को खोजने चलेगा, उसके सामने यह सवाल उठने ही वाला है कि बनाने वाला एक, लेकिन कुछ कहां पहेली उलझ गई है कि कुछ दुखी हैं, कुछ सुखी हैं, कोई स्वर्ग में जीते हैं, कोई नर्क में। दोनों का बनाने वाला अगर एक है, अगर पिता एक है तो संतान इतने विभिन्न जीवन अनुभवों से कैसे गुजरती है? बनाने वाले ने सुख ही क्यों न बनाया? और बनाने वाला सिर्फ स्वर्ग ही बना सकता था, नर्क के बनाने की जरूरत क्या थी? परमात्मा अगर सच में दयालु है तो दुख नहीं होना चाहिये, कोई पीड़ा नहीं होनी चाहिये।

सभी धर्मों के सामने यह सवाल रहा है। संसार में दुख को देखकर लगता है कि परमात्मा हो नहीं सकता। और अगर परमात्मा पर भरोसा हो, तो दुख पहेली हो जाता है कि दुख क्यों है? बहुत तरह से इस पहेली को सुलझाने की कोशिश की गई है, लेकिन पहेली सुलझती मालूम नहीं पड़ती।

पश्चिम में बहुत से प्रयोग हुए हैं, पूरब में बहुत से प्रयोग हुए हैं। बुद्धि से जितने भी सिद्धांत आविष्कृत हुए वे सभी असफल हो गये, पहेली उनसे सुलझती नहीं। लेकिन अनुभव से, ध्यान की गहराई से उत्तर आता है जिससे पहेली मिट जाती है। उसे हम थोड़ा समझ लें, फिर कहानी में प्रवेश करें।

दुख और सुख, स्वतंत्रता और परतंत्रता, स्वर्ग और नर्क एक साथ ही बनाये जा सकते हैं; अकेले-अकेले नहीं। रात और दिन एक साथ ही बनाये जा सकते हैं, अकेले-अकेले

नहीं। अगर अकेला प्रकाश हो और अंधकार बिलकुल न हो तो प्रकाश भी न हो सकेगा। अगर अकेला जीवन हो और मृत्यु न हो तो जीवन भी न हो सकेगा। होने का ढंग द्वंद्व है। किसी भी चीज को होना हो तो विपरीत के साथ ही हो सकती है।

विद्युतशास्त्री को पूछें, वह कहेगा अकेली ऋण विद्युत नहीं हो सकती, अकेली धन विद्युत नहीं हो सकती। दोनों साथ हो सकते हैं; क्योंकि ऋण और धन दो छोर हैं। जन्म और मरण दो छोर हैं। अकेला जन्म नहीं हो सकता। हमारी आकांक्षा चाहती है कि अकेला जन्म हो, लेकिन अकेला जन्म नहीं हो सकता। बिना मृत्यु के जन्म होगा कैसे? अगर कोई मरता ही न होगा तो कोई पैदा कैसे होगा? पुराने वृक्ष गिरेंगे इसीलिए तो नये अंकुर फूटेंगे। पुराना आदमी विदा होगा तो नये बच्चे जीयेंगे। पुराने को हटना होगा ताकि नये के लिये जगह हो सके। अगर पुराना जमा ही रहे तो नये के जन्म का कोई उपाय न होगा। जीवन विपरीत से जीता है।

थोड़ी देर को सोचें कि अगर सिर्फ सुख हो, हमारी आकांक्षा है कि सिर्फ सुख हो; लेकिन क्या तुम उस सुख को भोग सकोगे? अगर अकेला सुख हो और दुख का कोई स्वाद न हो तो यह भी तो पता न चलेगा कि सुख है। उस आदमी को स्वास्थ्य का पता नहीं चलता जो कभी बीमार न पड़ा हो। अगर सच में ही तुम कभी बीमार नहीं पड़े तो तुम्हें स्वास्थ्य के स्वाद का अनुभव कैसे होगा? तुम कैसे जानोगे कि तुम स्वस्थ हो? तुम्हें स्वास्थ्य का कोई भी पता न चलेगा। अगर नर्क न हो तो स्वर्ग नहीं हो सकता। नर्क की मौजूदगी स्वर्ग के लिये जरूरी है।

परमात्मा कठोर है इस कारण दुख है ऐसा नहीं, लेकिन विपरीत के बिना होने का कोई उपाय ही नहीं है। लोग कहते हैं परमात्मा सर्वशक्तिमान है, लेकिन कुछ बातें हैं, जो परमात्मा भी नहीं कर सकता। जैसे कि अकेला सुख हो और दुख न हो, यह परमात्मा भी नहीं कर सकता है। कितनी ही कोशिश करे, यह हो नहीं सकता।

जैसे ही सुख पैदा होगा उसके साथ ही दुख पैदा हो जाएगा। इसलिए एक बहुत गहरी बात समझ लेनी चाहियेः जितना ज्यादा सुख बढ़ेगा, उतना ही ज्यादा दुख भी बढ़ेगा। इसलिए जो लोग बहुत सुखी होंगे, वे ही लोग बहुत दुखी भी होंगे। अगर अमेरिका में आज बहुत दुख है तो उसका कारण? उसका कारण है कि बहुत सुख है। जहां सुख की सीमा बढ़ती है, उसी के साथ दुख की सीमा भी बढ़ती है; उनमें एक अनुपात है। इसलिए गरीब आदमी उतना दुखी कभी नहीं होता, जितना अमीर आदमी दुखी होता है।

अमीर को लगता है कि गरीब दुख में है। यह अमीर का खयाल है। यह अमीर की व्याख्या है। गरीब इतने दुख में कभी भी नहीं होता। इसलिए गरीब के चेहरे पर कभी मुस्कुराहट भी दिख जाए, कभी वह मस्त होकर नाच भी लेता है। कभी वृक्ष के नीचे सड़क पर सोये हुए उसको देखें। न, इतना दुख नहीं है गरीब को जितना अमीर को लगता है कि गरीब को दुख है।

वह लगने में अमीर अपने लिये सोच रहा है, अगर मुझे वृक्ष के नीचे सोना पड़े तो मैं, जो कि अच्छी शैया पर भी नहीं सो पाता हूं, वृक्ष के नीचे कैसे सो पाऊंगा? जहां कि शैया में थोड़ा-सा भी आड़ा-टेढ़ापन हो तो मेरी नींद टूट जाती है। तो इस कंकड़-पत्थर से भरी हुई

जमीन पर मैं कैसे सो पाऊंगा? श्रेष्ठ से श्रेष्ठ भोजन भी मुझे पचता नहीं, तो वह गरीब जो सूखी रोटी खा रहा है, यह तो पत्थर जैसी है; यह मुझे कैसे पचेगी?

एक यहूदी फकीर हुआ बालसेन। एक दिन एक धनपति उससे मिलने आया। वह उस गांव का सबसे बड़ा धनपति था, यहूदी था। और बालसेन से उसने कहा कि कुछ शिक्षा मुझे भी दो। मैं क्या करूं?

बालसेन ने उसे नीचे से ऊपर तक देखा, वह आदमी तो धनी था लेकिन कपड़े चीथड़े पहने हुए था। उसका शरीर रूखा-सूखा मालूम पड़ता था। लगता था, भयंकर कंजूस है। तो बालसेन ने पूछा कि पहले तुम अपनी जीवन-चर्या के संबंध में कुछ कहो। तुम किस भांति रहते हो? तो उसने कहा कि मैं इस भांति रहता हूं जैसे एक गरीब आदमी को रहना चाहिये। रूखी-सूखी रोटी खाता हूं। बस नमक, चटनी और रोटी से काम चलाता हूं। एक कपड़ा जब तक जार-जार न हो जाए तब तक पहनता हूं। खुली जमीन पर सोता हूं, एक गरीब साधु का जीवन व्यतीत करता हूं।

बालसेन एकदम नाराज हो गया और कहा, नासमझ! जब भगवान ने तुझे इतना धन दिया तो तू गरीब की तरह जीवन क्यों बिता रहा है? भगवान ने तुझे धन दिया ही इसलिए है कि तू सुख से रह, ठीक भोजन कर। खा कसम कि आज से ठीक भोजन करेगा, अच्छे कपड़े पहनेगा, सुखद शैया पर सोयेगा, महल में रहेगा।

धनपति भी थोड़ा हैरान हुआ। उसने कहा कि मैंने तो सुना है कि यही साधुता का व्यवहार है। पर बालसेन ने कहा कि मैं तुझसे कहता हूं कि यह कंजूसी है, साधुता नहीं है। काफी समझा-बुझाकर कसम दिलवा दी। वह आदमी जरा झिझकता तो था, क्योंकि जिंदगी भर का कंजूस था। जिसको वह साधुता कह रहा था वह साधुता थी नहीं, सिर्फ कृपणता थी। लेकिन लोग कृपणता को भी साधुता के आवरण में छिपा लेते हैं। कृपण भी अपने को कहता है कि मैं साधु हूं इसलिए ऐसा जीता हूं। पर बालसेन ने उसे समझा-बुझाकर कसम दिलवा दी।

जब वह चला गया तो बालसेन के शिष्यों ने पूछा कि यह तो हद हो गई। उस आदमी की जिंदगी खराब कर दी। वह साधु की तरह जी रहा था। और हमने तो सदा यही सुना है कि सादगी से जीना ही परमात्मा को पाने का मार्ग है। यही तुम हमसे कहते रहे। और इस आदमी के साथ तुम बिलकुल उल्टे हो गये। क्या इसको नरक भेजना है?

बालसेन ने कहा, 'यह आदमी अगर रूखी रोटी खायेगा तो यह कभी समझ ही न पायेगा कि गरीब का दुख क्या है! यह आदमी रूखी रोटी खायेगा तो समझेगा कि गरीब तो पत्थर खाये तो भी चल जाएगा। इसे थोड़ा सुखी होने दो ताकि यह दुख को समझ सके; ताकि जितने लोग इसके कारण गरीब हो गये हैं इस गांव में, उनकी पीड़ा भी इसको खयाल में आये। लेकिन यह सुखी होगा तो ही उनका दुख दिखाई पड़ सकता है। अगर यह खुद ही महादुख में जी रहा है, इसको किसी का दुख नहीं दिखाई पड़ेगा। कोई गरीब इसके द्वार पर भीख मांगने नहीं जा सकता, क्योंकि यह खुद ही भिखारी की तरह जी रहा है। यह किसी की पीड़ा अनुभव नहीं कर सकता।

जब अमीर को गरीब में दुख दिखाई पड़ता है तो वह उसकी व्याख्या है। गरीब उतना

दुखी नहीं है। और गरीब तो तभी दुखी होगा जब एक बार अमीर हो जाए। इसलिए जो लोग अमीरी के बाद गरीबी देखते हैं उनके दुख का हिसाब नहीं।

विपरीत का अनुभव चाहिये। अगर सुख ही सुख हो संसार में तो तुम्हें सुख का पता ही न चलेगा। और तुम सुख से इस बुरी तरह ऊब जाओगे जितने कि तुम दुख से भी नहीं ऊबे हो। और तुम उस सुख का त्याग कर देना चाहोगे।

देखो पीछे लौटकर इतिहास में। महावीर और बुद्ध जैसे त्यागी गरीब घरों में पैदा नहीं होते; हो नहीं सकते। क्योंकि सुख से ऊब पैदा होनी चाहिये, तब त्याग होता है। बुद्ध के जीवन में इतना सुख है कि उस सुख का स्वाद मर गया। जिसने रोज सुस्वादु भोजन किये हों, तो स्वाद मर जाए। कभी-कभी उपवास जरूरी है भूख का रस लेने के लिये। अगर भूख का मौका ही न मिले और रोज उत्सव चलता रहे घर में, और मिष्ठान्न बनते रहें तो जल्दी ही स्वाद मर जाएगा। भूख ही मर जाएगी।

इसलिए यह कोई आश्चर्य की बात नहीं है कि गरीबों के धार्मिक उत्सव सदा भोजन के उत्सव होते हैं। और अमीरों के धार्मिक उत्सव सदा उपवास के होते हैं। अगर जैनों का धार्मिक पर्व उपवास का है, तो उसका अर्थ है। लेकिन एक मुसलमान, एक गरीब हिंदू—जब उसका धार्मिक दिन आता है तो ताजे और नये कपड़े पहनता है। अच्छे से अच्छा भोजन बनाता है। हलवा और पूड़ी उस दिन बनाता है। वह धार्मिक दिन है। जिसके तीन सौ चौंसठ दिन भूख से गुजरते हों, उसका धार्मिक दिन उपवास का नहीं हो सकता। होना भी नहीं चाहिये; वह अन्याय हो जाएगा। लेकिन जो तीन सौ चौंसठ दिन उत्सव मनाता हो भोजन का, उसका धार्मिक दिन उपवास का ही होना चाहिये।

हम अपने स्वाद को विपरीत से पाते हैं। इसलिए जब जैनों का पर्युषण होता है, तभी पहली दफा उन्हें भूख का अनुभव होता है। और पर्युषण के बाद पहली दफा दो चार दिन खाने में मजा आता है, और खाने के संबंध में सोचने में मजा आता है। और पर्युषण के दिनों में ही सपने देखते हैं वे खाने के, बाकी दिन नहीं देखते क्योंकि सपनों की कोई जरूरत नहीं है। बाकी दिन वे सलाह लेते हैं चिकित्सक से कि भूख मर गई है।

जिन मुल्कों में भी धन बढ़ जाता है, वहीं उपवास को मानने वाले संप्रदाय पैदा हो जाते हैं। यह जानकर हैरानी होगी कि अमेरिका में आज उपवास का बड़ा प्रभाव है। गरीब मुल्कों में उपवास का प्रभाव हो भी नहीं सकता। लोग वैसे ही उपवासे हैं। लेकिन अमेरिका में लोग महीनों के उपवास के लिए जाते हैं। नेचरोपेथी के क्लिनिक हैं, चिकित्सालय हैं, जहां कुल काम इतना है कि लोगों को उपवास करवाना।

अगर सुख ही सुख हो और दुख का उपाय न हो तो तुम ऊब जाओगे सुख से। एक बड़े मजे की बात है कि दुख से आदमी कभी नहीं ऊबता, क्योंकि दुख में आशा बनी रहती है। आज दुख है, कल सुख होगा। सपना जिंदा रहता है। मन कामना करता रहता है और कल पर हम आज को टालते रहते हैं। दुखी आदमी कभी नहीं ऊबता। सुखी आदमी ऊबता है; क्योंकि उसकी कोई आशा नहीं बचती। सुख तो आज उसे मिल गया, कल के लिये कुछ बचा नहीं।

तुम्हें पता नहीं है कि महावीर और बुद्ध क्यों संन्यासी हुए? जैनों के चौबीस तीर्थंकर

राजाओं के बेटे क्यों हैं, हिंदुओं के सब अवतार राजपुत्र क्यों हैं? बात जाहिर है, साफ है। गणित सीधा है। सुख इतना था कि वे ऊब गये। और ज्यादा पाने का कोई उपाय नहीं था। जितना हो सकता था वह था, वह पहले से मिला था।

इसलिए जिस दिन महावीर नग्न होकर रास्ते पर भिखमंगे की तरह चले, उन्हें जो आनंद मिला है, तुम भूल मत करना नग्न चलकर रास्ते पर; तुम्हें वह न मिलेगा। क्योंकि तुम गणित ही चूक रहे हो। उसके पहले राजा होना जरूरी है। वस्त्रों से जब कोई इतना ऊब गया हो कि वे बोझिल मालूम होने लगे तब कोई नग्न खड़ा हो जाए रास्ते पर तो स्वतंत्रता का अनुभव होगा—मुक्ति! उसे लगेगा कि मोक्ष मिला। जो भोजन से इतना पीड़ित हो गया हो, वह जब पहली दफा उपवास करेगा तो शरीर फिर से जीवंत होगा; फिर से भूख जगेगी। और जो महलों में रह-रहकर कारागृह में बंद हो गया हो, जब वह खुले आकाश के नीचे, वृक्ष के नीचे सोयेगा तब उसे पहली दफा पता चलेगा कि जीवन का आनंद क्या है!

महावीर की बात सुनकर कई साधारण-जन भी त्यागी हो जाते हैं। वे बड़ी मुश्किल में पड़ते हैं क्योंकि जो आनंद महावीर को मिला, वह उन्हें मिलता हुआ मालूम नहीं पड़ता। तो वे सोचते हैं शायद अपनी कोई साधना में भूल है। साधना में कोई भूल नहीं, शुरुआत में ही भूल है।

महावीर उतरते हैं राज-सिंहासन से। राज-सिंहासन से ऊब गये हैं इसलिए उतरते हैं; क्योंकि उसके आगे और कोई सीढ़ी नहीं है। वे आखिरी सीढ़ी पर थे; और कोई विकास का उपाय न था। आकांक्षा को जाने की जगह न थी। नीचे उतरते हैं। सिंहासन से नीचे उतरकर जीवन में फिर से उमंग आती है। फिर से रस आता है। फिर से खोज शुरू होती है।

तुम्हारे जीवन में यह नहीं हो सकता। जिसने भोगा ही नहीं है, वह त्याग कैसे करेगा? और जिसके पास है ही नहीं, वह छोड़ेगा कैसे? जो तुम्हारे पास है, वही तुम छोड़ सकते हो। जो तुम्हारे पास नहीं है, उसे तुम कैसे छोड़ोगे? उस भ्रांति में पड़ना ही मत।

इसलिए मैं निरंतर कहता हूं, जो संसार से ऊब जाते हैं, सत्य उन्हें ही उपलब्ध होता है। लेकिन तुम ऊबे नहीं हो। तुम जो ऊब गये हैं उनकी बातें सुनकर, उनका अनुकरण करने में लग जाते हो। अनुकरण से कोई कभी सत्य को उपलब्ध नहीं होता। उससे तुम धोखे में पड़ोगे। वह आत्म-प्रवंचना है।

संसार को ठीक से पा लेना, ताकि छोड़ सको। वासना को ठीक से अनुभव कर लेना, ताकि वासना मुक्ति हो सके। धन को ठीक से भोग लेना, ताकि धन व्यर्थ हो जाए। जहां भी रस हो, वहां पूरे चले जाना ताकि आगे जाने की कोई जगह न बचे और तुम पीछे वापिस लौट सको।

अधूरे अनुभव कहीं भी नहीं ले जाते। वृक्ष जब अपने फल को पूरा पका लेता है, तब फ़ल खुद ही टूट जाता है और गिर जाता है। कच्चे फल नहीं गिरते। अधूरा अनुभव कच्चा फल है; पूरा अनुभव पका हुआ फल है।

इसलिए पहली बात खयाल में ले लें; संसार के होने का ढंग जैसा है, इससे अन्यथा नहीं हो सकता। यहां विपरीत होगा ही—एक बात।

दूसरी बात: परमात्मा तुम्हें दुख नहीं देता, न परमात्मा तुम्हें सुख देता है। सुख और दुख

दो विकल्प हैं। चुनने को तुम सदा स्वतंत्र हो। चुनाव तुम्हारे हाथ में है। परमात्मा तुम्हें नर्क में धक्के नहीं देता और न स्वर्ग में तुम्हारा स्वागत करता है। स्वर्ग और नर्क दोनों के द्वार खुले हैं। चुनाव तुम्हारा है। तुम जहां जाना चाहो। और यह उचित है कि द्वार खुले हैं क्योंकि स्वतंत्रता के बिना सत्य की कोई उपलब्धि नहीं हो सकती। तुम स्वतंत्र हो दुख भोगने को। तुम्हारी स्वतंत्रता परम है। तुम स्वतंत्र हो सुख भोगने को और तुम स्वतंत्र हो मार्ग बदल लेने को। तुम्हारी स्वतंत्रता में कोई भी बाधा नहीं है।

इस बात को ठीक से समझ लेना। इसलिए अगर तुम दुख भोगते हो तो यह तुम्हारा चुनाव है। अगर तुम सुख भोगते हो तो यह भी तुम्हारा चुनाव है। अगर तुम जहां हो वहां से नहीं हटते हो, तो भी तुम्हारा चुनाव है। वहां से हटते हो तो भी तुम्हारा चुनाव है। तुम्हारी चेतना पर कोई नियंत्रण नहीं है।

जैसे घर में एक चूल्हा जला दिया है, आग जल रही है और दूसरी तरफ वृक्षों में फूल खिले हैं। तुम स्वतंत्र हो; चाहे फूल तोड़कर अपनी झोली फूलों से भर लो और चाहे आग में हाथ डालकर अंगारों में जल जाओ। कोई तुम्हें धक्के नहीं दे रहा है। आग जल रही है, फूल खिले हैं।

परमात्मा सृष्टि को बनाता है, तुम्हें नहीं। इसे थोड़ा समझ लेना चाहिये। परमात्मा सृष्टि को बनाता है, इसका अर्थ है : परिस्थितियां बनाता है, विकल्प बनाता है। द्वार—स्वर्ग और नर्क, सुख और दुख बनाता है, तुम्हें नहीं।

तुम तो परमात्मा हो। तुम तो उसके ही अंश हो। वह तुम्हें बना नहीं सकता। और अगर तुम बनाये गये हो तो तुम दो कौड़ी के हो गये। फिर तुम्हारा कोई मोक्ष नहीं हो सकता। अगर तुम बनाई गई कठपुतली हो तो जिस दिन उसका दिल बदल जाए तुम्हें मिटा दे। वह तुम्हें बनाया भी नहीं, तुम्हें मिटा भी नहीं सकता। तुम तो वही हो। तुम परमात्मा हो। और यह चारों तरह जो खेल है, वह तुम्हारा ही बनाया हुआ है। और विकल्प तुम्हारे सामने दोनों मौजूद हैं। तुम जो चुनना चाहो, चुन सकते हो।

यह कहानी हम समझने की कोशिश करें। मूसा ने पूछा परमात्मा से कि तेरा कोई परम भक्त, कोई अनन्य भक्त, कोई जिसकी श्रद्धा तुझमें अखंड हो; कोई जो उपलब्ध हो गया हो, जो तेरे हृदय का मालिक हो गया हो, जिसमें और तुझमें जरा भी रत्तीभर फासला न रहा हो, उसके मैं दर्शन करना चाहता हूं।

लेकिन मूसा क्यों दर्शन करना चाहते हैं उस आदमी के?

पहली तो बात यह, कि मूसा सोचते होंगे, वैसा आदमी परम आनंदित होगा। क्योंकि जो परम भक्त है, परमात्मा ने उसके ऊपर आनंद की वर्षा कर दी होगी। हमारी भक्ति भी हमारी वासना है। हम उसके द्वारा भी परमात्मा से कुछ पाना चाहते हैं। तो मूसा पूछते हैं कि मैं उसे देखना चाहता हूं, जो पहुंच चुका है तेरे हृदय के पास। अब जिसमें रत्तीभर फासला नहीं रहा।

मूसा सोचते होंगे, मिलेगा किसी सिंहासन पर। होगा कोई सम्राट। सब उसे उपलब्ध होगा। रत्तीभर भी कमी न होगी। वासना की कोई जरूरत न होगी। सभी आकांक्षाएं उठते ही पूरी हो जाती होंगी। जो परमात्मा के हृदय के निकट है उसको क्या पाने को रह जाता है? और इसीलिए शायद मूसा उसको पूछना भी चाहते हैं, देखना भी चाहते हैं।

मेरे पास लोग आते हैं, वे मुझसे कहते हैं, आपके शिष्यों में हमें कोई ऐसा आदमी बताएं जो पहुंच गया हो; जिसने पा लिया हो। हम उसे देखना चाहते हैं। वह उनकी वासना पूछ रही है। वे उसे देखकर तय करेंगे कि रास्ते पर चलना कि नहीं! वह उस आदमी को देखकर तय करेंगे कि अगर यह आनंदित है तो फिर हम भी चलें इस रास्ते पर।

लेकिन परमात्मा सदा खेल खेलता है। परमात्मा को धोखा देना आसान नहीं। मूसा पूछते तो थे कुछ और, कुछ और चाहते कुछ और थे। पूछा तो यह था कि तेरे परम भक्त का दर्शन करना है, लेकिन भीतरी आकांक्षा यह थी कि उसको देख लूं तो फिर चलूं इस रास्ते पर, कि तू पाने योग्य भी है या नहीं? अगर तेरा परम भक्त ही सड़ रहा हो कहीं नर्क में तो हम इस झंझट में क्यों पड़ें? इतनी मेहनत! इतना श्रम! संसार भी खोएं, और तुझे पाकर नर्क मिले! हम परमात्मा को पाना भी नहीं चाहते। हम तो परमात्मा की सीढ़ी से स्वर्ग में जाना चाहते हैं।

आवाज आई कि मूसा! फलां घाटी में जा; वहां मेरा परम भक्त मौजूद है।

मूसा बड़ी आशाओं से भरकर गये होंगे। कैसे-कैसे विचार, कैसे-कैसे सपने नहीं उठे होंगे कि कैसा होगा यह परम भक्त! परम ज्योतिर्मय! आनंद में नाचता हुआ, स्वर्ण चारों तरफ बरसता हुआ। वह घाटी धन्य होगी, जहां यह परम भक्त है। और जब वे पहुंचे तो कितने निराश न हुए होंगे!

एक भिखमंगा था यह आदमी। साधारण भिखमंगा भी नहीं था चीथड़े-चीथड़े थे। भिखमंगों में भी भिखमंगा था। और इतना ही नहीं था, सारे शरीर पर न मालूम किस-किस तरह के कीड़े-मकोड़े रेंग रहे थे। गंदा था। अधमरी हालत में था; सड़ रहा था।

मूसा की श्रद्धा को बड़ा धक्का लगा होगा। क्योंकि श्रद्धा कहीं न कहीं वासना को छिपाये है। और मूसा के मन में चीख उठी होगी कि यह क्या हुआ? इसको ही पाने के लिये हम साधना कर रहे हैं, प्रार्थना कर रहे हैं? मंदिरों में इसी के लिये घंटे बजाये जा रहे हैं, पूजा की जा रही है, यह स्थिति पाने के लिये? अगर यह उपलब्धि है, तो संसार में जो भटक रहे हैं, वे भटक नहीं रहे, वे इससे बच रहे हैं। फिर संसार बेहतर है।

परमात्मा की पहेली को समझने में जरा कठिनाई है। क्योंकि तुम्हारी वासना जहां भी खड़ी हो जाए, वहीं परमात्मा को समझना असंभव हो जाता है। अगर मूसा बिना वासना के पूछे होते, तो किसी दूसरी घाटी में भेजे गये होते। तब उन्होंने कुछ और रूप देखा होता। लेकिन वासना से भरकर पूछा है इसलिए यह रूप देखना पड़ा। यह रूप मूसा की वासना से पैदा हो रहा है। जरूरी है। ताकि मूसा की स्थिति साफ हो जाए कि तेरी श्रद्धा सही है, या केवल तेरी श्रद्धा एक छिपा हुआ रूप है वासना का? तेरी प्रार्थना सही है? तू परमात्मा को ही भज रहा है या कुछ और भज रहा है? परमात्मा का शोषण, उपयोग करना चाहता है?

उस रात मूसा प्रार्थना न कर पाये होंगे। उस दिन परमात्मा इतने दूर मालूम हुआ होगा, जितना कभी मालूम न हुआ था। अगर यह परम भक्त की दशा है तो परम भक्त होने की हिम्मत टूट गई होगी। उस क्षण मूसा का हृदय रेगिस्तान की तरह हो गया होगा, जहां प्रार्थना के सब वृक्ष सूख गये।

और उस आदमी ने आंख खोली और कहा कि मैं बहुत प्यासा हूं, थोड़ा पानी ले आओ।

स्वर्ग तो दूर, यह आदमी प्यासा है और पानी देनेवाला भी कोई नहीं है। और यह परम भक्त है। और परमात्मा इतना भी नहीं कर रहा है कि इसके ऊपर पानी की वर्षा कर दे। यह कैसी सुरक्षा है? परमात्मा कुछ भी नहीं दे रहा और इस आदमी ने सब दे दिया!

संदेह उठा होगा, नास्तिकता घनी हो गई होगी। यह मूसा की परीक्षा का क्षण रहा होगा।

ऐसी परीक्षा के क्षण तुम्हारे जीवन में भी आएंगे। और इस परीक्षा से गुजर जाए जो, उसकी ही श्रद्धा सही है। यह श्रद्धा के लिये अग्नि जैसा है। सोना आग से गुजरे तो ही पता चलता है कि कितना सही था, कितना गलत था! कितना खरा था, कितना खोटा था!

मूसा अहोभाव से नहीं भर सके इस आदमी को देखकर। पानी लेने गये, लेकिन लौटकर आये तो देखा कि वह आदमी मरा पड़ा है। वह प्यासा ही मर गया। परमात्मा का अनन्य भक्त! पानी तो परमात्मा ने दिया ही नहीं, मूसा पानी लेने गये थे इतनी देर भी उस आदमी की सांस न चलने दी कि वह पानी पीकर मर जाए। यह तो भयंकर नर्क की अवस्था है।

यह सोचकर कि इस आदमी को ठीक से दफना दूं, तो वे लकड़ी इत्यादि का इंतजाम करने गये, लौटकर देखा कि एक शेर उसे खा गया है। उसका अंतिम संस्कार भी न हो सका। यह परम भक्त की दशा?

तुम अगर रहे होते मूसा की जगह तो फिर तुमने लौटकर परमात्मा का नाम न लिया होता। फिर दुबारा तुमने उसके मंदिर की तरफ न देखा होता। तुम सदा के लिये नास्तिक हो गये होते।

अगर तुम नास्तिकों से पूछो तो सौ में से निन्यान्नबे नास्तिक यही कहते हैं कि परमात्मा है या नहीं इसका सबूत—संसार में दुख है या नहीं, इससे मिलेगा। अगर संसार में इतना दुख है तो परमात्मा नहीं हो सकता।

बर्ट्रेंड रसेल—इस सदी के बड़े से बड़े महा नास्तिक ने यही सवाल उठाया है। बर्ट्रेंड रसेल ने कहा, कि एक छोटा सा बच्चा पैदा होता है, पैदा होता है लकवा लगा हुआ। परमात्मा है, तो यह बच्चा लकवा लगां क्यों पैदा हो रहा है? यह जिंदगी भर सड़ेगा, बिस्तर पर पड़ा रहेगा। एक बच्चा पैदा होता है, पैदा नहीं हो पाता, सांस नहीं ले पाता कि मर जाता है। यह कैसा परमात्मा है? यह बच्चे के साथ क्या खेल खेला जा रहा है? यह लीला बड़ी कठोर मालूम पड़ती है। और यह परमात्मा पिता तो नहीं हो सकता, कोई जल्लाद हो सकता है।

तो रसेल कहता है, ऐसे जल्लाद परमात्मा में मानने से तो यही बेहतर है कि कोई परमात्मा नहीं। इस उलझन में पड़ना क्यों? ताकि हम जो कुछ कर सकें, दुख मिटाने के लिये करें। यह परमात्मा की वजह से हम दुख भी नहीं मिटा पाते, क्योंकि हम प्रार्थना में समय लगा देते हैं। हम पूजा में समय गंवाते हैं। और हम सोचते हैं, उसकी कृपा होगी तो सब ठीक हो जाएगा। और उसकी कृपा से अब तक कुछ भी ठीक नहीं हुआ है। सब गलत है।

तो ज्यादा उचित यही मालूम होता है बुद्धिपूर्ण आदमी को, कि अच्छा हो कि कोई परमात्मा नहीं है; यह अराजकता है। हम ही को व्यवस्था करनी है तो जितने कम दुख की व्यवस्था हम कर सकें, अच्छा। जितने ज्यादा सुख की व्यवस्था कर सकें, उतना अच्छा। मंदिर-मस्जिदों को स्कूलों और अस्पतालों में बदल दो। यह व्यर्थ का आभूषण है, जो बोझ है और यह महंगा है क्योंकि पेट जहां भूखा है, इतने महंगे आभूषण नहीं ढोये जा सकते।

रसेल कहता है कि संसार का दुख देखकर बात साफ हो जाती है कि यहां कोई हृदय नहीं हो सकता इस संसार में। इस संसार को चलाने वाला कोई हृदय नहीं हो सकता है। या तो यह संसार यांत्रिक चल रहा है, और या एक अराजकता है, लेकिन इसका कोई मालिक नहीं है। और अगर कोई मालिक है तो वह मालिक भी बुद्ध और महावीर जैसा नहीं हो सकता। वह मालिक भी हिटलर और मुसोलिनी जैसा होगा। अगर वैसा कोई मालिक है तो पूजा करने की जरूरत नहीं, उसकी हत्या करने की जरूरत है। उसको मिटा देने की जरूरत है, क्योंकि जब तक वह न मिट जाए, तब तक यह जाल, उपद्रव दुख का नहीं मिटेगा।

और रसेल ने कहा है कि धर्म तब तक रहेगा, जब तक दुख है। या तो हम धर्म को मिटा दें, तो हमारे कदम दुख को मिटाने में लग जाएंगे। और या हम दुख को मिटा दें तो धर्म अपने आप मिट जाएगा। रसेल कहता है जब सभी लोग सुखी होंगे तो कौन प्रार्थना करने जाएगा? उसकी बात में थोड़ी सचाई है क्योंकि तुम सदा दुख के कारण ही प्रार्थना करने जाते हो।

तो वह कहता है अगर सभी लोग सुखी हो जाएं तो मंदिर अपने आप तिरोहित हो जाएंगे। चर्च खाली हो जाएंगे। पूजागृह में कोई जाएगा नहीं; क्योंकि लोग दुख के कारण वहां जाते हैं, इस आशा में कि शायद परमात्मा उनका दुख मिटाये। सुखी आदमी प्रार्थना नहीं करेगा।

रसेल को ऐसे ही टाला नहीं जा सकता। उसकी बात में कुछ सचाइयां हैं। पहली तो सचाई यह है कि तुम्हारी प्रार्थना सदा दुख से उठती है। लेकिन ऐसी प्रार्थना को कभी बुद्ध, महावीर, कृष्ण ने प्रार्थना कहा ही नहीं। जो प्रार्थना सुख से उठे, अहोभाव से उठे, तृप्ति से उठे, जिसमें सुगंध संतोष की हो, वही प्रार्थना है। प्रार्थना धन्यवाद है, मांग नहीं। तुम परमात्मा को धन्यवाद देते हो कि तुमने जो दिया है, वह मेरी पात्रता से बहुत ज्यादा है। वह एक अहोभाव की अभिव्यक्ति है।

एक तो मूसा देख रहे हैं उस आदमी को पड़ा हुआ—प्यासा, भूखा, सड़ रहा है, कीड़े-मकोड़े शरीर पर तैर रहे हैं। इतना कमजोर है कि उन कीड़ों को हटा भी नहीं सकता। वे उसे खाये जा रहे हैं। वह प्यासा है, आंख खोलकर पानी मांगता है।

यह तो बाहर से देखा गया। काश! मूसा इस आदमी को भीतर से भी देख लेते तो उन्हें पता चलता कि परम भक्त की क्या दशा है! मूसा चूक गये क्योंकि भक्ति बाहर से पहचानी नहीं जा सकती। बाहर जैसे कोई महल के चारों तरफ चक्कर लगाकर आ जाए, उसे महल के अंतःपुर का कुछ भी पता न चले। ये कीड़े रेंगते थे, लेकिन इस आदमी की भीतरी दशा क्या थी, यह मूसा न जान सके। कीड़ों में उलझ गये।

एक सूफी फकीर हुआ, सरमद। उसके छाती में नासूर हो गया और कीड़े पड़ गये थे। तो मस्जिद में जब वह नमाज करने को झुकता था तो कीड़े गिर जाते थे तो उन्हें उठाकर वापिस रख लेता था। लोगों ने कहा कि सरमद क्या तुम पागल हो गये हो?

तो सरमद हंसा और उसने कहा, 'सवाल है मुझ खुद को बचाऊं, कीड़ों को बचाऊं? और मैं तो उसकी, परमात्मा की प्रार्थना में लीन हूं तो बच ही जाऊंगा; इन कीड़ों को प्रार्थना का कोई भी पता नहीं है। इनका बचना ज्यादा जरूरी है। मेरे भटकने का तो कोई उपाय नहीं है क्योंकि उसकी, परमात्मा की प्रार्थना में लीन हूं। मैं तो पहुंच ही गया। इन कीड़ों की यात्रा अभी शुरुआत है। और इनमें भी जीवन है—वैसा ही, जैसा मुझमें। और मेरे तो जीवन की

अंत घड़ी करीब आ गई क्योंकि अब मैं दुबारा पैदा होने वाला नहीं हूं। अभी इनकी यात्रा लंबी है, इनको जितना साथ दे सकूं।'

फिर आखिर में तो सरमद ने प्रार्थना करनी बंद कर दी क्योंकि झुकने से कीड़े कभी-कभी मर जाते थे गिरकर। तो उसने नमाज पढ़नी बंद कर दी। लोगों ने कहा, 'सरमद! बुढ़ापे में पागल हो गये हो?' उसने कहा, 'इन कीड़ों को बचाना ज्यादा बड़ी प्रार्थना है। नमाज शरीर का ही झुकना है, भीतर तो मैं झुकता ही रहता हूं। कीड़ों को कष्ट देना उचित नहीं। और जिसने कीड़े भेजे हैं, यही उसकी प्रार्थना है कि उसके कीड़ों को जितनी सुरक्षा दे सकूं। यह उसी का दिया हुआ जीवन है। और जब वह इन को संभाल रहा है तो मैं कौन बाधा देने वाला हूं?'

लेकिन मूसा चूक गये। यह आदमी सरमद जैसा रहा होगा, जिसके शरीर पर कीड़े चल रहे थे और जो कीड़ों को हटा भी नहीं रहा था। क्योंकि जिसका शरीर है, उसी के कीड़े हैं। और उसके भीतर...भीतर कोई विरोध, कोई अस्वीकृति नहीं थी। इसके कपड़े फटे-पुराने थे, भिखमंगा था, दुख में पड़ा था, लेकिन इसके भीतर सुख का एक सागर था, जो मूसा को नहीं दिखाई पड़ सका।

और जब भी कोई व्यक्ति उस परम सुख के करीब पहुंचता है तो बाहर सब तरह के दुख पैदा हो जाते हैं क्योंकि वही परीक्षा है। इसलिये फकीरों ने कहा है कि तुम जब उसके करीब पहुंचोगे, तुम्हारी बड़ी परीक्षाएं ली जाएंगी। यह स्वाभाविक है कि परीक्षाएं ली जाएं, क्योंकि उन्हीं परीक्षाओं से गुजरकर तुम्हारा सोना निखरेगा। यह इसकी प्रार्थना का आखिरी क्षण था, जहां प्रार्थना पूरी होगी, जहां प्रार्थना में फूल आयेंगे। जब सब तरह का दुख—भूख, प्यास, पानी भी नहीं, मौत करीब...

और जब उसने कहा मूसा को कि प्यास लगी है, तब भी मूसा उसके भीतर न देख पाये। तब भी वह आदमी सिर्फ शरीर के संबंध में कह रहा था कि प्यास लगी है, भीतर तो उसकी प्यास सदा के लिये बुझ गई थी।

जीसस एक गांव से गुजर रहे हैं। एक औरत पानी भर रही है, लेकिन वह गांव कुछ छोटी जाति के लोगों का गांव है और जीसस प्यासे हैं। तो उन्होंने किनारे कुएं के पाट पर खड़े होकर कहा कि मुझे पानी पिला। मैं बहुत प्यासा हूं। उस स्त्री ने कहा कि क्षमा करें, हम छोटी जाति के लोग हैं और मैं आपको कैसे पानी पिलाऊं? तो जीसस ने कहा, तू फिक्र मत कर; तू मुझे पानी पिला, मैं तुझे पानी पिलाऊंगा। और तेरा पानी सदा के लिये प्यास न बुझा सकेगा, लेकिन मेरा पानी तेरी प्यास सदा के लिये बुझा देगा। यह सौदा सस्ता है। तू कर ले।

यह आदमी जो मरते समय बोला कि मुझे प्यास लगी है, तब भी उसकी आंखों में वह तृप्ति थी, जहां सब प्यास बुझ गई है।

मूसा उसे न देख पाये क्योंकि हम वही देख पाते हैं जो हम देख सकते हैं और जो हम देखना चाहते हैं। मूसा तो इतने से ही व्यग्र और उद्विग्न हो गये—इस आदमी की दशा देखकर। परमात्मा की जो धुन उनके भीतर थोड़ी बहुत रही होगी, वह टूट गई। वह सितार बंद हो गया। यह प्रार्थना-पूजा व्यर्थ हो गई। इस आदमी को देखते ही उनकी आंखें बंद हो गईं, वे अंधे हो गये। ठीक ही किया परमात्मा ने कि जब वे लौटे तो वह आदमी मर चुका था।

परमात्मा का अनन्य भक्त आखिरी क्षणों में बाहर से सब भांति प्यासा और भीतर से सब भांति तृप्त होगा। तो ही स्वर्ग का द्वार खुलता है, तो ही मुक्ति का द्वार खुलता है। अगर बाहर की प्यास उसे खींच ले और भीतर की तृप्ति डूब जाए तो फिर संसार शुरू हो जाए। आखिरी विकल्प होगा ही अंतिम क्षण में।

जब बाहर गहन प्यास थी, तब भी वह भीतर तृप्त था। वह तृप्त ही मरा, लेकिन मूसा को लगा कि प्यासा मर गया। भागे, कि अंतिम संस्कार कर दें इस परमात्मा के भक्त का। लेकिन जिसकी फिक्र परमात्मा कर रहा हो, उसका अंतिम संस्कार करने का खयाल भी अहंकार से भरा है।

रिंझाई मरने के करीब था तो उसके शिष्यों ने पूछा, हम क्या करें? मर जाने पर हम तुम्हें जलाएं? दफनाएं? तुम्हारे शरीर को बचाने की कोशिश करें? क्या करें? तुम कैसे चाहोगे?

रिंझाई ने कहा, कि तुम मुझे दफनाओगे तो उसके कीड़े मुझे खाएंगे। तुम मुझे जमीन पर छोड़ दोगे तो उसके जानवर मुझे खाएंगे। जाना मुझे उसके पेट में ही है। तुम क्या करते हो, इससे कोई फर्क नहीं पड़ता। इसलिए इस चिंता में तुम मत पड़ो, मुझे मर तो जाने दो। जमीन में दबाओगे, उसके कीड़े मुझे खाएंगे—'उसके' कीड़े! अब वे कीड़े नहीं हैं, अब वही है। जमीन के ऊपर छोड़ दोगे तो उसके पशु-पक्षी मुझे खा जाएंगे—'उसके' पशु-पक्षी। अब वे भी दुश्मन नहीं हैं, उनके भीतर भी वही आयेगा।

इधर मूसा तैयारी करके आए अंतिम संस्कार की, उधर देखा कि एक शेर तो उस आदमी को खा ही चुका है।

तुम पहुंचो, उसके पहले परमात्मा सदा पहुंच जाता है। लेकिन मूसा को तकलीफ हुई होगी कि यह तो हद हो गई! यह तो भक्त के साथ दुर्व्यवहार की सीमा हो गई। अगर यह भक्तों के साथ हो रहा है तो जो भक्त नहीं हैं, उनके साथ क्या होगा! यह तो आखिरी बात हो गई कि इस आदमी को अंतिम संस्कार भी हम न दे पाये कि इसका कोई क्रियाकर्म न हो सका। शेर खा गया। यह तो बड़ी दुखद बात है।

मेरे पास लोग आते हैं, वे कहते हैं यह पारसियों का मृतकों को कुएं पर रख देना बड़ा बेहूदा है। यह बंद होना चाहिये। कभी-कभी तो नई समझ के पारसी भी यह कहते हैं कि यह बंद होना चाहिये, यह बहुत बुरा है। लेकिन क्यों यह बुरा है? बुरा इसलिए है कि हम 'उसको' नहीं देख पाते। वे जो गिद्ध आकर शरीर को खा जाएंगे, इससे हम 'उसको' नहीं देख पाते। बड़े मजे की बात है, कि तुम्हारे भीतर वह है और गिद्धों के भीतर वह नहीं है? अगर तुम्हारे भीतर वह है तो उनके भीतर भी वह है।

और एक लिहाज से पारसियों की व्यवस्था सब से ज्यादा संगत है। हिंदू जला देते हैं, मुसलमान जमीन में दफना देते हैं। पारसी शरीर को, मरे हुए शरीर को भोजन बना देते हैं। सबसे ज्यादा संगत, इकोलाजिकल, प्राकृतिक उनकी ही व्यवस्था मालूम पड़ती है। क्योंकि जिंदगी भर तुमने भोजन किया। वृक्ष से तुमने फल तोड़े, पशु-पक्षियों से तुमने मांस लिया, मुर्गियों से अंडे लिये, जिंदगी भर तुमने न मालूम कितने जीवन से भोजन इकट्ठा किया! इस भोजन को जलाने का तुम्हें हक क्या है? इसको, भोजन को फिर भोजन बन जाने दो ताकि वर्तुल पूरा हो जाए। ताकि तुमने जो लिया था, वह वापिस लौट जाए। जिनसे लिया था,

उनमें चला जाए। ताकि वर्तुल बीच में खंडित न हो। यह जलाना तो बात गलत है। तुमने दूसरों का अन्न बनाया था, अब तुम दूसरों के लिये अन्न बन जाओ ताकि यात्रा पूरी हो जाए। तुमने सबका तो इस तरह व्यवहार किया कि वह तुम्हारे भोजन हैं, और तुम खुद को इस भांति बचा रहे हो, जैसे तुम किसी के भोजन नहीं।

ठीक ही किया कि इसके पहले कि मूसा इंतजाम करते आदमी के अंतिम संस्कार का, परमात्मा झपटा और शेर की भांति उसे ले गया और खा गया।

जिससे हम पैदा हुए हैं, उसी में हमें लीन हो जाना है। जहां से हमने पाया है, वहीं हमें वापस लौटा देना है।

पारसियों की अंतिम संस्कार-विधि वैज्ञानिक है, प्राकृतिक है। ऐसी विधि किसी की भी इतनी वैज्ञानिक और प्राकृतिक नहीं है, चाहे हमें कितनी ही कठोर मालूम पड़े। लेकिन जब तुम फल तोड़ते हो तब तुम्हें कठोर नहीं लगता। जब तुम मुर्गी का अंडा खाते हो तब तुम्हें कठोर नहीं लगता। जब तुम मुर्गी की गरदन काटते हो तब तुम्हें कठोर नहीं लगता, लेकिन जब गिद्ध तुम्हारी गरदन पर बैठते हैं, तब तुम्हें कठोर लगता है। तो तुम अपने को बड़ा विशिष्ट समझ रहे हो! सारे पशु जीते हैं, मरते हैं, खो जाते हैं; आदमी अंतिम संस्कार करता है। अहंकार की हद है। अहंकार जीते जी भी अपने को विशेष मानता है, मरकर भी विशेष मानता है। जब तुम मर गये तब कुछ भी न बचा। खाली देह पड़ी रह गई। उस खाली देह में तुम जरा भी नहीं हो, लेकिन अब भी तुम्हारे चारों तरफ संगमरमर के चबूतरे खड़े किये जाएंगे, उन पर नाम खोदे जाएंगे। वह जो बचा ही नहीं, उसको भी सम्हालने की कोशिश की जाएगी।

अहंकार मरकर भी अपनी सुरक्षा करने की कोशिश करता है।

मूसा बहुत व्यथित हो गये। और चिल्लाकर उन्होंने कहा कि हे परमात्मा! यह क्या हो रहा है?—यह शिकायत थी—यह क्या हो रहा है, इतना दुख! और उसे, जिसे तूने कहा कि परम भक्त है?

ध्यान रहे, अगर बुद्धि से हम सोचेंगे तो सिर्फ शिकायत उठेगी, प्रार्थना नहीं। बुद्धि शिकायत करना जानती है, प्रार्थना करना नहीं। बुद्धि जो-जो गलत है, वह दिखाती है; जो-जो ठीक है, वह नहीं।

मूसा ने बुद्धि से देखा, लेकिन परमात्मा के भक्त को कोई कभी बुद्धि से देख सका है? उसे देखने के लिये श्रद्धा का हृदय चाहिये। सोच-विचार से उसे कोई कभी नहीं देख सका। उसे देखने के लिये निर्विचार चित्त चाहिये। वह तो रहा दूर, उसके भक्त को भी देखना हो तो भी ध्यानस्थ भाव चाहिये।

काश! मूसा वहां चुपचाप आंख बंद करके बैठ गया होता। तो इस कहानी का अंत दूसरा होता; लेकिन मूसा विचारक हैं। काश! वह बैठ गया होता आंख बंद करके; उसने स्वीकार किया होता, कि जब परमात्मा ने भेजा इस घाटी में, तो जरूर कोई राज होगा। मैं जल्दी न करूं। चुपचाप बैठूं इस भक्त के पास, इसके भीतर क्या घट रहा है, उसकी थोड़ी सी भी झलक लेने की कोशिश करूं।

शायद तब हालत बिलकुल और हुई होती। भक्त के भीतर की गंध इसे छू लेती, तो शायद भक्त के शरीर पर रेंगते कीड़े-मकोड़े विलीन हो गये होते—वह वहां थे भी नहीं;

भक्त के लिये थे ही नहीं—तो शायद भक्त का प्यासापन समाप्त हो गया होता। वह भक्त के लिये था भी नहीं। वह जैसे भक्त से परमात्मा ही कह रहा था कि मैं प्यासा हूं और मूसा पानी लेने चला गया; वहीं भूल हो गई। मूसा को अगर दिखाई पड़ता तो मूसा कहता, यह हो ही नहीं सकता कि परमात्मा का भक्त, और प्यासा हो। बात वहीं बदल जाती। मूसा को दिखाई पड़ता कि भीतर तो तृप्ति है, कैसी प्यास? और जब जंगली जानवर खा गया होता तो भी मूसा ने धन्यवाद दिया होता।

हृदय सदा धन्यवाद देता है, बुद्धि सदा शिकायत करती है। हृदय ने कभी शिकायत जानी नहीं, बुद्धि ने कभी धन्यवाद नहीं जाना। तो जब भी तुम्हारे मन में शिकायत उठे, समझना कि तुम विचार कर रहे हो; और जब भी धन्यवाद उठे, समझना कि ध्यान कर रहे हो।

धन्यवाद का भाव गहरी से गहरी बात है भक्त की। वह भक्त प्यासा था तो भी धन्यवाद उठ रहा था। वह भक्त मर रहा था तो भी धन्यवाद उठ रहा था।

मंसूर को काटा गया। जब मंसूर को काटने की तैयारी चल रही थी तो उसके आसपास भीड़, लाखों लोग इकट्ठे हो गये थे। एक फकीर, शिवली नाम का फकीर भी वहां खड़ा था। मंसूर ने कहा, 'शिवली, तेरी प्रार्थना करने की चटाई तेरे पास है या नहीं?'

मंसूर को काटने की तैयारी चल रही है, तलवारों पर धार रखी जा रही है, शूली तैयार की गई है। और मंसूर की सूली ईसा से भी ज्यादा भयंकर थी, क्योंकि ईसा के तो हाथों में खीलें ठोंककर मार डाला गया, मंसूर के एक-एक अंग काटे गये, अलग-अलग। और मंसूर जिंदा था। पहले पैर काटे, फिर हाथ काटे, फिर आंखें फोड़ीं, फिर जीभ काटी, ऐसा एक-एक अंग काट कर मारा।

इधर मरने की तैयारी चल रही है और मंसूर एक फकीर को देखकर भीड़ में कहता है कि तेरी प्रार्थना की चटाई है या नहीं शिवली तेरे पास! शिवली ने कहा कि हां, मेरे पास प्रार्थना की चटाई है। उसने कहा, 'दे, क्योंकि मैं नमाज पढ़ लूं।' यहां मौत की तैयारी हो रही है, यहां मंसूर नमाज पढ़ रहा है। लेकिन हत्यारे गुस्से में आ गये, जब उन्होंने यह देखा कि मंसूर नमाज पढ़ने की बात कर रहा है। तो उन्होंने गुस्से में उसके दोनों पैर काट डाले। जब वह बैठा था नमाज की चटाई पर मुड़ा हुआ, तो उसके दोनों पैर काट डाले। मंसूर ने कहा, 'धन्यवाद परमात्मा! क्योंकि मैं सोच ही रहा था कि वजू कैसे करूं? पानी नहीं है। खून मिल गया। और तेरी वजू इसके पहले पानी से करता रहा उसके लिये क्षमा करना। मुझे यह पता ही नहीं था, कि खून से ही असली वजू हो सकती है।' तो उसने खून अपने हाथों पर लगा लिया, जैसा कि मुसलमान हाथ धोते हैं पानी से। फिर उसकी आंखें फोड़ दी गईं। लेकिन उसकी मुस्कुराहट जिंदा थी। तुम मुस्कुराहट को तो नहीं काट सकते। तुम प्रेम को तो नहीं काट सकते।

हत्यारों को भी दया आ गयी और आखिरी क्षण में उन्होंने कहा कि अब तेरा आखिरी क्षण है और हम तेरी जबान काटने जा रहे हैं, तुझे कुछ कहना तो नहीं? तो उसने कहा, जिससे मुझे कहना है उससे तो बिना जबान के भी कह सकता हूं। और तुमसे कहने को तो कुछ बचा नहीं है। तुमसे कह-कहकर तो यह हालत खड़ी हो गई कि तुम सदा उलटा समझे। लेकिन ताकि तुम भी सुन लो, उसने अपनी अंधी आंखें जो कि फूट गई थीं, जिनमें से खून

बह रहा था ऊपर आकाश की तरफ उठाईं और कहा कि परमात्मा! इनको माफ कर देना, क्योंकि यह नहीं जानते, यह क्या कर रहे हैं। और मेरी तरफ से इनकी कोई भी शिकायत नहीं है। ये सिर्फ नासमझ हैं, इनको तू माफ कर देना।

हृदय ने कभी शिकायत जानी नहीं। हृदय कभी प्यासा नहीं हुआ। हृदय ने कभी कुछ मांगा नहीं। हृदय सदा परिपूर्ण है—आप्तकाम!

लेकिन मूसा चूक गये। चूकना निश्चित था, क्योंकि परमात्मा से जो पूछता है कि तेरा परम भक्त कहां, वह बुद्धि से ही जी रहा है। अन्यथा यह पूछने की जरूरत क्या थी? यह परम भक्त को खोजने की जरूरत क्या थी? यह बुद्धि ही तलाश कर रही है। तर्क गणित बिठा रहा है: इस रास्ते पर चलने जैसा है या नहीं?

कहानी मधुर है। और तुम भी निर्णय लेने की कभी जल्दी मत करना, क्योंकि यहां सम्राट कभी-कभी भिखारियों में मिल जाते हैं। कभी-कभी परम स्वस्थ आदमी महारोग में घिरा होता है। कभी-कभी जहां तृप्ति का दीया जल रहा है, वहां चारों तरफ प्यास की लपटें उठती हैं। और आखिरी क्षण में तो परीक्षा है। और प्रार्थना जब आखिरी क्षण को पार कर जाती है, जबकि शिकायत करने को सब कुछ था, और प्रार्थना शिकायत नहीं करती, तभी द्वार की कुंजी हाथ में आती है।

जब शिकायत करने को कुछ भी न हो, तब तुम शिकायत न करो तो इसमें कुछ गुण गौरव नहीं है। लेकिन जब शिकायत करने को सब कुछ हो और शिकायत न उठे, तभी जानना कि कसौटी पूरी हुई। तुम खरे सोने साबित हुए। और जल्दी मत करना। और बाहर से मत देखना। अगर कहीं भी तुम्हें खबर मिले...और बहुत दफे तुम्हें खबर मिलती है, तुम भी बाहर से देखकर लौट आते हो; जैसा मूसा के साथ हुआ। अगर तुम्हें जरा-सी भी खबर मिले कि कोई भक्त है, तो उसके पास बुद्धि को अलग करके बैठ जाना। इसको हमने सत्संग कहा है।

सत्संग का अर्थ है: जो पहुंच गया है या पहुंचने के करीब है, उसके पास बिना सोचे बैठ जाना। क्योंकि जब तुम सोचते हो तो तुम्हारे और उसके बीच दीवाल खड़ी हो जाती है। जब तुम नहीं सोचते तब बीच की दीवाल गिर जाती है और वह जो परम भक्त को मिला है, वह तुम में भी रिस-रिसकर बहने लगता है। उसकी धारा तुम्हारे पास आने लगती है। वह धीरे-धीरे अपने को तुममें उंड़ेल देता है। इसको हमने सत्संग कहा है।

मूसा को जरूरत थी सत्संग की। कितनी मुश्किल से तो उस घाटी में मूसा पहुंचा होगा! और वहां भी बुद्धि को लेकर पहुंच गया। वहां भी सोचने लगा, विचार करने लगा कि यह क्या हो रहा है? शिकायत करने लगा। तो घाटी में पहुंचा, फिर भी न पहुंच पाया। पूछा परमात्मा से, इशारा भी मिला, फिर भी चूक गया। तुम भी इस भांति मत चूक जाना। बहुत बार तुम भी इस भांति चूके हो। कोई क्षुद्र-सी बात शिकायत बन जाती है।

गुरजिएफ के पास लोग जाते थे, तो गुरजिएफ कहता, 'कितने पैसे हैं तुम्हारे पास? निकालो।' बस, इतने में ही उपद्रव हो जाता। क्योंकि पैसे पर हमारी इतनी पकड़ है! तो गुरजिएफ कहता, 'पहले रुपये निकालकर रख दो।' हम सोचते हैं, 'संत और कैसा रुपया?'

गुरजिएफ पहले पैसा मांगता। एक सवाल का जवाब देता तो कहता, सौ रुपये। बहुत लोग भाग जाते, क्योंकि संतों से हमने मुफ्त पाने की आदत बना ली है। लेकिन मुफ्त तुम्हें

वही मिलेगा, जो मुफ्त के योग्य था। असली पाना हो तो तुम्हें चुकाना ही पड़ेगा। चाहे धन से, चाहे ध्यान से; चुकाना पड़ेगा। कुछ तुम्हें छोड़ना पड़ेगा तो ही तुम असली को पा सकोगे।

ऐसा हुआ एक बार कि एक महिला आई और गुरजिएफ ने कहा कि तेरे जितने भी हीरे-जवाहरात हैं—पहने हुई थी, काफी धनी महिला थी—ये तू सब उतारकर रख दे। उस महिला ने आने के पहले यह सुना था, गुरजिएफ ऐसा करता है। तो बुद्धि इंतजाम कर लेती है; उसने जरा आसपास चर्चा की, गुरजिएफ के पुराने शिष्यों से पूछा।

एक महिला ने उसे कहा कि डरने की कोई जरूरत नहीं। क्योंकि जब मैं गई थी, तब भी उसने मेरी अंगूठी और गले का हार उतरवा लिया था। लेकिन दूसरे ही दिन वापिस कर दिये। तू डर मत! मैंने निष्कपट भाव से दे दिया था, कि जब वे मांगते हैं तो ठीक ही मांगते होंगे। दूसरे दिन बुलाकर उन्होंने मेरी पूरी पोटली वापस कर दी। और जब मैंने घर आकर पोटली खोली, तो उसमें कुछ चीजें ज्यादा थीं, जो मैंने दी नहीं थीं।

लोभ पकड़ा इस नयी स्त्री को, कि यह तो बड़ी अच्छी बात है। वह गई, वह प्रतीक्षा ही करती रही कि कब गुरजिएफ कहें! और गुरजिएफ ने कहा कि अच्छा, अब तू सब दे दे। उसने जल्दी से निकालकर रूमाल में बांधकर दे दिये। पंद्रह दिन प्रतीक्षा करती रही होगी, पोटली नहीं लौटी, नहीं लौटी, नहीं लौटी। आखिर वह उस स्त्री के पास गई। उसने कहा, मैं भी क्या कर सकती हूं?

गुरजिएफ से किसी ने पूछा कि यह आप कभी-कभी लौटा देते हैं, कभी नहीं लौटाते। तो गुरजिएफ ने कहा, 'जो देता है, उसको मैं लौटा देता हूं। जो देता ही नहीं, उसको मैं लौटाऊं कैसे? मैं लौटा तभी सकता हूं, जब कोई दे। इस स्त्री ने दिया ही नहीं था। इसकी नजर लौटाने पर लगी थी, अब यह कभी लौटने वाला नहीं।

कभी-कभी तुम पहुंच भी जाओ गुरजिएफ जैसे लोगों के पास, तो तुम चूक जाओगे। कोई छोटी-सी बात तुम्हें चुका देगी। क्योंकि बुद्धि क्षुद्र को देखती है। उसका जाल बड़ा छोटा है। छोटी-छोटी मछलियां पकड़ती है। जितनी क्षुद्र मछली हो, उतनी जल्दी पकड़ती है। विराट उससे चूक जाता है। हृदय का जाल बहुत बड़ा है, उसमें सिर्फ विराट ही पकड़ में आता है।

तो जब तुम विराट को पकड़ने जाओ तो छोटा जाल लेकर मत जाना। यही मूसा से भूल हो गई। छोटा-सा जाल डाला। परम भक्त को पकड़ने गये थे, छोटी-मोटी मछलियां पकड़कर वापस लौट आये। तुम मूसा की भूल मत करना।

भगवान! आपने मंसूर की कहानी कही। मंसूर के बारे में यह भी कथा है कि उनके शत्रु जब उनके हाथ-पांव काटते रहे, आंखें निकाल लीं, तब तक उनके होठों पर हंसी खेलती थी। लेकिन भीड़ से किसी उनके एक भक्त ने जब उन पर एक फूल फेंक दिया, तो उन्हें चोट लग गई और उनकी हंसी खो गई।

ऐसा हुआ, लाख लोगों की भीड़ थी और जब मंसूर के हाथ-पैर काटे जा रहे थे तो लोग पत्थर उन पर फेंक रहे थे। वह भीड़ उनके विरोधियों की थी।

मंसूर का कसूर क्या था? मंसूर का कसूर था कि उसने यह घोषणा कर दी कि मैं ब्रह्म

हूं: अनलृहक। 'अहं ब्रह्मास्मि'—यह उसने घोषणा कर दी। मुसलमान इसे बर्दाश्त न कर सके। क्योंकि मुसलमान कहते हैं कि भक्त, भक्त ही रहेगा, भगवान नहीं हो सकता।

भगवान होने की हिम्मत तो सिर्फ हिंदुओं ने की है। इसलिए हिंदुओं का धर्म जिस ऊंचाई पर पहुंचा, दुनिया का कोई धर्म नहीं पहुंचा। एक कदम कम रह जाता है। लेकिन उसका भी कारण है क्योंकि इस्लाम ने कहा कि अगर भक्त भगवान होने का दावा करे, तो सौ में निन्यान्नबे मौके ये हैं कि सिर्फ अहंकार की घोषणा हो। इस अहंकार को हम नहीं चलने देंगे। भक्त को तो इतना मिट जाना है कि वह कभी भूलकर भी नहीं कह सके कि मैं भगवान हूं। और भक्त कितनी ही ऊंचाई पर पहुंचे, कितना ही निकट पहुंचे, लेकिन भगवान भगवान रहेगा, भक्त भक्त रहेगा। भगवान का प्यारा हो जाएगा, उसके हृदय का शृंगार हो जाएगा, लेकिन फासला कायम रहेगा।

इस्लाम द्वैतवादी है। इस द्वैतवाद के पीछे वजह है क्योंकि बहुत अहंकारी चित्त को मन होता है घोषणा कर देने का, कि मैं भगवान हूं। और यह घोषणा अहंकार की हो सकती है; यह तुम्हारा अनुभव न हो।

हिंदुस्तान में ऐसा हुआ है। हजारों लोग इस घोषणा को कर देते हैं कि वे ब्रह्म को उपलब्ध हो गये, वे ब्रह्म हो गये और यह सिर्फ उनके अहंकार का ही खेल होता है। वे कहीं पहुंचे नहीं होते। वहीं जीते हैं, जहां दूसरे संसारी जी रहे हैं, उसमें कोई रत्ती भर फर्क नहीं होता। कोई गहराई नहीं, कोई ऊंचाई नहीं। इस घोषणा के कारण नुकसान होता है।

तो इस्लाम ने इस पर रोक लगा दी। इस्लाम की रोक सार्थक है एक अर्थ में, क्योंकि सौ मौकों पर निन्यान्नबे मौके पर तो गलत लोग घोषणा करते हैं। एकाध आदमी कभी ठीक घोषणा करता है। लेकिन इस्लाम कहता है, वह आदमी भी घोषणा से चुप रहे क्योंकि उसकी घोषणा के कारण निन्यान्नबे गलत आदमियों के लिये रास्ता खुल जाता है। तो इस्लाम सख्त है इस संबंध में।

और जब मंसूर ने घोषणा की, 'अनलृहक' की; कि मैं परमात्मा हूं; भक्त मिट गया, अब मैं भगवान हूं; निकटता इतनी हो गई कि अब कोई दूरी नहीं है, अद्वैत हो गया है; तो इस्लाम को मानने वाले लोग नाराज हुए। उन्होंने मंसूर को पकड़ लिया। भीड़ इकट्ठी हो गई। लोग पत्थर फेंक रहे हैं, हाथ-पैर काटे जा रहे हैं, मंसूर लहूलुहान फांसी पर लटका है। लेकिन उसके होठों की मुस्कुराहट कायम है। वह हंस रहा है।

और तभी एक फकीर जो भीड़ में खड़ा था, जिस फकीर का मैंने नाम लिया शिवली, जिससे उसने प्रार्थना की चटाई मांगी थी। सब तो पत्थर फेंक रहे थे, शिवली ने एक फूल फेंका। और कहते हैं, मंसूर की मुस्कुराहट खो गई और उसकी फूटी आंखों से आंसू गिरे।

शिवली तो बहुत घबड़ा गया। सामने ही खड़ा था और शिवली उसे प्रेम करता था। शिवली खुद भी एक कीमती आदमी था इसलिए उसने फूल भी फेंका था। मगर यह देखकर बड़ा हैरान हुआ कि पत्थरों की चोट से आंसू न आये, मुस्कराहट न खोई, और यह फूल से सब मुस्कुराहट खो गई, आंसू आ गये!

शिवली के पास एक दूसरा फकीर जुन्नैद खड़ा था, उसने पूछा कि यह मेरी समझ के बाहर है मंसूर! जाने के पहले जवाब दे जाओ। पत्थर बरस रहे हैं और तुम मुस्कुरा रहे हो!

शिवली ने सिर्फ एक फूल फेंका, और तुम्हें इतनी चोट लगी कि तुम्हारी मुस्कुराहट खो गई और तुम्हारी आंखों से आंसू गिरे?

मंसूर ने कहा, और बाकी लोग तो नासमझ हैं। उनके पत्थर भी क्षमा किये जा सकते हैं। लेकिन शिवली जानता है कि उसका फूल भी क्षमा नहीं हो सकता। शिवली भलीभांति जानता है, मैं कौन हूं। शिवली मुझे पहचानता है, फिर भी फूल फेंक रहा है। और कारण इसका सिर्फ यह है कि वह भीड़ में अपने को छिपाना चाहता है ताकि कोई यह न समझे कि मेरा कोई मित्र खड़ा है या मेरा कोई जानने वाला प्रेमी खड़ा है। भीड़ में छुपाना चाहता है। भीड़ को ऐसा लगे कि यह भी फेंक रहा है। भीड़ तो पागल है।

और जब बाद में जुन्नैद ने शिवली से पूछा कि क्या सचाई है? तो उसने कहा कि मंसूर ने पकड़ लिया। मैं सिर्फ अपने को छिपाना चाहता था कि भीड़ को यह पता न चले कि मैं उसका भक्त हूं। इसलिए ऐसा न लगे कि मैं बिना कुछ फेंके खड़ा हूं, नहीं तो लोग पहचान लेंगे। और लोगों ने पहचान लिया तो जो गति मंसूर की हुई, वही गति मेरी होगी। इस भीड़ से बाहर निकलना मुश्किल हो जाएगा। इसलिए मैं फूल छिपाकर ले गया था कि जब भीड़ पत्थर फेंकेगी तो मैं भी कुछ फेंकता रहूंगा, ताकि लोगों को लगे कि मैं भी फेंक रहा हूं; मैं भी कोई मंसूर का साथी नहीं हूं।

मंसूर लेकिन पहचान गया। अंधा मंसूर पहचान गया। अंधे मंसूर ने देख लिया कि फूल शिवली की तरफ से आता है। अंधे मंसूर की समझ में पड़ गया कि पत्थर और फूल में फर्क है।

मंसूर जैसे लोग अंधे होते ही नहीं। तुम उनकी आंखें फोड़ सकते हो, उनके देखने को नहीं छीन सकते। और साधारण आदमी अंधा ही होता है। सिर्फ आंख होती है, लेकिन उससे कुछ दिखाई नहीं पड़ता।

मंसूर की मुस्कुराहट का खो जाना और आंख से आंसू का आना बड़ा कीमती है। वह यह कह रहा है कि शिवली, अभी भी भीड़ के साथ अपने को एक करने की आकांक्षा है? अभी भी भीड़ से इतना भय है? इसलिए रो रहा है कि तू इतना पहुंचकर भटक रहा है, वापस लौट रहा है।

संन्यासी अगर समाज से मुक्त न हो तो उसके संन्यास की कीमत क्या है?

मंसूर अपने लिये नहीं रो रहा है, शिवली के लिये रो रहा है। उसकी मुस्कुराहट खो गई, क्योंकि एक व्यक्ति जो पहुंच रहा था शिखर पर, वह वापस गिर गया। और उसने झांककर देख लिया शिवली के भीतर, कि समाज के भय की वजह से, भीड़ के भय की वजह से...।

ठीक ऐसी घटना जीसस के जीवन में घटती है। जिस रात जीसस को पकड़ा गया, पकड़ने के पहले जीसस ने उन सारे मित्रों को इकट्ठा किया और उनसे कहा कि अब तुम सुन लो, यह रात आखिरी है। रात पूरे होने के पहले मैं पकड़ लिया जाऊंगा। एक शिष्य ने खड़े होकर कहा कि यह कभी नहीं होगा, जब तक हम जिंदा हैं। जीसस ने कहा कि तू सुबह होने के पहले तीन बार इनकार कर देगा कि जीसस से मेरा कोई संबंध है। सुबह होने के पहले तीन बार, मुर्गा बांग दे उसके पहले तू तीन बार इनकार कर देगा कि तेरा जीसस से कोई संबंध है। और तू कह रहा है, यह कभी नहीं होगा? यह तेरे अहंकार की आवाज है, तेरे

हृदय की नहीं। पर उस शिष्य ने कहा कि आप गलत समझ रहे हैं। आप मुझे समझ ही नहीं पाये। आप देख लेना। जान चली जाए, लेकिन तुम पकड़े न जा सकोगे।

और आधी रात जीसस ने कहा कि मैं अपनी आखिरी प्रार्थना कर लूं; और उस युवक को, जिसने कहा था कि मेरे जिंदा रहते...। जीसस ने कहा कि आखिरी रात है, मैं प्रार्थना कर लूं। तू पहरे पर खड़ा हो जा। देख, सो मत जाना। क्योंकि दुश्मन करीब हैं, और जल्दी ही मैं पकड़ा जाऊंगा।

जीसस आधी प्रार्थना करके पीछे आये, देखा, वह आदमी खर्राटे ले रहा है। जीसस ने उसे हिलाया कि तू सो गया? तू जीवन देने को तैयार है लेकिन आधा घड़ी की नींद देने को तैयार नहीं। उस आदमी ने कहा, झपकी लग गई। कुछ होश ही न रहा; अब मैं जागूंगा। फिर थोड़ी देर बाद जीसस आये, वह आदमी फिर सोया है। जीसस की पूरी प्रार्थना होने के पहले वह आदमी तीन दफे सो चुका। और जीसस ने कहा कि तू इतना बेहोश है कि जाग भी नहीं सकता घड़ी भर, और तू जीवन को देने की बातें करता है! उसने फिर भी कहा कि आप मानो, जान लगा दूंगा। मेरी लाश पर से ही तुम्हें कोई ले जा सकता है।

और फिर भोर होने के पहले जीसस पकड़ लिये गये। दुश्मन उन्हें ले जाने लगे। वह युवक, जिसने कहा था, वह भी भीड़ में साथ हो लिया। रात अंधेरी थी, लोग मशालें जलाये थे, और जीसस को पकड़कर कारागृह की तरफ ले जा रहे थे। मशालों की रोशनी में लोगों को लगा कि कोई अजनबी भी है। अपना आदमी नहीं है। तो किसी ने उसे टोककर पूछा कि तू कौन है? तू यहां कैसे आया? क्या तू जीसस का साथी है? उसने कहा कि नहीं, कौन जीसस? मैं तो उन्हें पहचानता भी नहीं। मैं तो एक यात्री हूं। रास्ते से गांव की तरफ जा रहा हूं, रोशनी देखकर तुम्हारे साथ हो लिया हूं।

जीसस ने पीछे मुड़कर कहा कि देख, अभी मुर्गे ने बांग नहीं दी। लेकिन कोई भी न समझ पाया सिवाय उसके कि क्या मतलब था कि 'देख, अभी मुर्गे ने बांग भी नहीं दी!' और निश्चित ऐसा ही हुआ कि तीन बार मुर्गे की बांग देने के पहले उस आदमी को बार-बार लोगों ने पूछा कि तू सच बता। उसने कहा कि सच बताता हूं कि मैं एक अजनबी हूं। मैं नहीं जानता, कौन जीसस? कैसा जीसस? मन में वह यही सोच रहा था कि इस भांति छिपाकर मैं जीसस के पीछे जा रहा हूं उनकी सुरक्षा के लिए!

मन बड़ा धोखेबाज है। यह बड़ी अजीब व्याख्याएं खोजता है। यह आदमी यह नहीं समझ पा रहा है कि मुझमें साहस नहीं है। जीसस का साथी बताने का साहस नहीं है क्योंकि उस साहस का मतलब सूली होगी।

शिवली भी बता नहीं पा रहा है कि मैं साथी हूं। पत्थर तो नहीं फेंकना चाहता क्योंकि मंसूर से इसका प्रेम है। लेकिन बिना फेंके भी नहीं रह सकता क्योंकि भीड़ का डर है। इसलिए उसने फूल चुन लिये हैं। यह मन की तरकीब है। ताकि मंसूर को लगे कि फूल फेंके गये हैं और मंसूर खुश हो कि शिवली, मेरा प्रेमी फूल फेंक रहा है। और भीड़ समझे कि पत्थर फेंके जा रहे हैं। उस उपद्रव में, शोर-गुल में कौन देखता है? वह दो तरफा काम कर रहा है। भीड़ को राजी रखना चाहता है और मसूर को भी विदा देना चाहता है आखिरी क्षण में, ताकि वह इस भाव से जाएं कि कोई भी जब मेरा साथी नहीं था, तब भी शिवली मेरा साथी था।

लेकिन मंसूर को धोखा देना मुश्किल है। मन को धोखा दिया जा सकता है। जिनके पास मन नहीं, उन्हें धोखा देना असंभव है। अगर तुम धोखा भी दोगे तो वह खुद को ही दिया गया धोखा सिद्ध होगा।

मंसूर देख लिए शिवली की इस तरकीब को, इस वंचना को। उनकी फूटी आंखों से आंसू बहे। उनकी मुस्कुराहट खो गई। और उन्होंने कहा, औरों के पत्थर भी क्षम्य हैं, क्योंकि वे नहीं जानते क्या कर रहे हैं। लेकिन शिवली, तेरे फूल भी क्षमा नहीं किये जा सकते हैं। क्योंकि तू जान-बूझकर कर रहा है। तुझसे ऐसी आशा नहीं थी। तू पतित हो रहा है।

लेकिन वे आंसू शिवली के लिए हैं। उसके दुख में कि आदमी जरा-सी प्रतिष्ठा, समाज का मोह, शरीर का बचाव, इसके लिये कितना खो रहा है! किसको धोखा दे रहा है? एक मरते हुए बुद्ध को धोखा दे रहा है। जिंदा में तो हम बुद्धों को धोखा देते हैं, लेकिन मरते क्षण में तो थोड़ा होश आना चाहिये। वहां भी धोखा दे रहा है।

मंसूर की घोषणा ने उसे मुसीबत में डाला। और मंसूर भी जानता था कि मुसीबत होगी क्योंकि इस्लाम को मानने वाले लोगों के बीच यह घोषणा करनी कि मैं परमात्मा हूं, सबसे बड़ा कुफ्र, सबसे बड़ा पाप है। मंसूर की घोषणा के पहले उसके मित्रों ने बहुत बार कहा था कि तुम ऐसी घोषणा मत करो। मंसूर ने कहा, मैं जानता हूं कि लोग इसे समझ न पाएंगे। यह भी मैं जानता हूं कि नासमझी होगी। और यह भी मैं जानता हूं कि यह खतरनाक है। लेकिन सत्य को तो बोलना ही होगा; उसके चाहे कोई भी परिणाम हों। परिणामों के कारण असत्य को तो नहीं बोला जा सकता। मैं कर भी क्या सकता हूं! मैं ब्रह्म हूं, ऐसा मैंने जाना है, ऐसा मेरा अनुभव है। इस अनुभव के विपरीत मैं कुछ भी नहीं कर सकता हूं। इसके जो भी परिणाम हों।

जब भी कोई व्यक्ति अनुभव को उपलब्ध होता है तो उससे विपरीत कुछ भी नहीं कर सकता। यह शिवली बौद्धिक रूप से ही फकीर रहा होगा। यह इसका अनुभव न था। यह फकीरी इसके भीतर खिली नहीं थी, उधार थी। इसने फकीरों के साथ-साथ रहकर फकीरी सीख ली होगी। यह रंग किसी दूसरों के कपड़ों से लग गया था। यह धब्बे की तरह था। यह रंग भीतर से नहीं आया था। यह लाली अपनी नहीं थी, उधार थी, बासी थी। जरा-सी वर्षा हुई कि धुल गई। इसलिए मंसूर रोने लगा।

मंसूर के हंसने को भी ठीक से समझना और मंसूर के रोने को भी। **क्योंकि मंसूर जैसे व्यक्ति हंसते हैं तो भी उसमें बड़ा अर्थ होता है, रोते हैं तो भी बड़ा अर्थ होता है। मंसूर जैसे व्यक्ति जो भी करते हैं, उसके बड़े गहरे अभिप्राय हैं, जिनको उघाड़ने में सदियां लग जाती हैं।**

आज इतना ही।

मूल पुस्तक 'बिन बाती बिन तेल' का दसवां प्रवचन

ओशो- एक परिचय

सत्य की व्यक्तिगत खोज से लेकर ज्वलंत सामाजिक व राजनैतिक प्रश्नों पर ओशो की दृष्टि उनको हर श्रेणी से अलग अपनी कोटि आप बना देती है। वे आंतरिक रूपांतरण के विज्ञान में क्रांतिकारी देशना के पर्याय हैं और ध्यान की ऐसी विधियों के प्रस्तोता हैं जो आज के गतिशील जीवन को ध्यान में रख कर बनाई गई हैं।

अनूठे ओशो सक्रिय ध्यान इस तरह बनाए गए हैं कि शरीर और मन में इकट्ठे तनावों का रेचन हो सके, जिससे सहज स्थिरता आए व ध्यान की विचार रहित दशा का अनुभव हो।

ओशो की देशना एक नये मनुष्य के जन्म के लिए है, जिसे उन्होंने 'ज़ोरबा दि बुद्धा' कहा है- जिसके पैर जमीन पर हों, मगर जिसके हाथ सितारों को छू सकें। ओशो के हर आयाम में एक धारा की तरह बहता हुआ वह जीवन-दर्शन है जो पूर्व की समयातीत प्रज्ञा और पश्चिम के विज्ञान और तकनीक की उच्चतम संभावनाओं को समाहित करता है। ओशो के दर्शन को यदि समझा जाए और अपने जीवन में उतारा जाए तो मनुष्य-जाति में एक क्रांति की संभावना है।

ओशो की पुस्तकें लिखी हुई नहीं हैं बल्कि पैंतीस साल से भी अधिक समय तक उनके द्वारा दिए गए तात्कालिक प्रवचनों की रिकार्डिंग से अभिलिखित हैं।

लंदन के 'संडे टाइम्स' ने ओशो को 'बीसवीं सदी के एक हजार निर्माताओं' में से एक बताया है और भारत के 'संडे मिड-डे' ने उन्हें गांधी, नेहरू और बुद्ध के साथ उन दस लोगों में रखा है, जिन्होंने भारत का भाग्य बदल दिया।

ओशो इंटरनेशनल मेडिटेशन रिजॉर्ट

ओशो मेडिटेशन रिजॉर्ट का निर्माण इसलिए किया गया ताकि लोग जीने की नई कला का सीधा अनुभव ले सकें- अधिक होशपूर्वक होकर, हास्य और आराम के साथ। यह भारत के मुंबई शहर से सौ मील दक्षिण पूर्व में पूना के कोरेगांव पार्क में वृक्षों से परिपूर्ण चालीस एकड़ आवासीय क्षेत्र में स्थित है। रिजॉर्ट सौ से अधिक देशों से हर साल आने वाले हजारों लोगों के लिए अलग-अलग तरह के कार्यक्रम प्रस्तुत करता है। नवनिर्मित ओशो गेस्ट हाउस परिसर में लोगों के लिए आवास की सुविधा उपलब्ध है।

मेडिटेशन रिजॉर्ट में मल्टीवर्सिटी कार्यक्रम प्रसिद्ध झेन उद्यान, ओशो तीर्थ से सटे पिरामिड परिसर में संचालित होते हैं। ये कार्यक्रम व्यक्तिगत रूपांतरण के लिए व लोगों को जीने की एक नई कला सिखाने के उद्देश्य से तैयार किए गए हैं- एक जाग्रत अवस्था जिसे वे दैनिक जीवन में उतार सकते हैं। आत्म-खोज सत्र, सैशन, कोर्स और अन्य ध्यान प्रक्रियाएं पूरे साल चलती हैं। शरीर को स्वस्थ रखने के लिए एक खूबसूरत व्यवस्था का प्रावधान है जिसमें झेन प्रक्रिया के साथ खेल और मनोरंजन का अनुभव लिया जा सकता है।

मुख्य ध्यान सभागार में सुबह छह बजे से रात ग्यारह बजे तक प्रतिदिन सक्रिय व अक्रिय ध्यान विधियां होती हैं, जिसमें रोज संध्या-सभा ध्यान भी शामिल है। रात को रिजॉर्ट का बहुसांस्कृतिक जीवन खिल उठता है- मित्रों के संग खुले आकाश के नीचे भोजन-स्थल और अक्सर संगीत व नृत्य के साथ। रिजॉर्ट की साफ व शुद्ध पीने के पानी की अपनी व्यवस्था है और यहां परोसे गए भोजन में रिजॉर्ट के अपने फार्म हाउस में उगाई गई सब्जियों का प्रयोग होता है।

मेडिटेशन रिजॉर्ट का ऑन लाइन टूर, साथ ही यात्रा और कार्यक्रमों की जानकारी www.osho.com से प्राप्त की जा सकती है। यह अलग-अलग भाषाओं में विस्तार में दी गई वेबसाइट है, जिसमें हैं- ऑन लाइन ओशो टाइम्स पत्रिका, ऑडियो व वीडियो वेबकास्टिंग, ऑडियों बुक क्लब, ओशो प्रवचनों के संपूर्ण अंग्रेजी व हिंदी अभिलेख और ओशो के वीडियो, ऑडियो व पुस्तकों की संपूर्ण सूची। साथ ही हैं ओशो द्वारा विकसित किए गए सक्रिय ध्यानों की जानकारी जो ज्यादातर वीडियो प्रदर्शन के साथ है।

मेडिटेशन रिजॉर्ट में सहभागी होने व अधिक विस्तृत जानकारी के लिए संपर्क करें:

ओशो इंटरनेशनल मेडिटेशन रिजॉर्ट
17 कोरेगांव पार्क, पुणे -411001, महाराष्ट्र
फोन: 020-66019999 फैक्स: 020-66019990
e-mail-resortnfo@osho.net
website- www.osho.com

OSHO TIMES

ओशो टाइम्स

एक बेहतर दृष्टिकोण के लिये

सदस्यता शुल्क

हिंदी व अंग्रेजी में हर महीने

एक वर्ष के लिए रुपये 330

दो वर्ष के लिए रुपये 620

तीन वर्ष के लिए रुपये 850

डी.डी./ एम. ओ.-'ताओ पब्लिशिंग प्रा.लि.' के नाम से
'ताओ पब्लिशिंग प्रा.लि.' 50 कोरेगांव पार्क, पुणे 411 001 (महाराष्ट्र) भारत
के पते पर भेजें।

आज ही सदस्य बनें